Ute Guzzoni

Veränderndes Denken

Ute Guzzoni

Veränderndes Denken

Kritisch-ontologische Stücke zum Verhältnis
von Denken und Wirklichkeit

Verlag Karl Alber Freiburg / München

CIP-Kurztitelaufnahme der Deutschen Bibliothek

Guzzoni, Ute:

Veränderndes Denken: krit.-ontolog. Stücke
zum Verhältnis von Denken u. Wirklichkeit /
Ute Guzzoni. - Freiburg (Breisgau); München:
Alber, 1985.
  ISBN 3-495-47589-3

© Verlag Karl Alber GmbH Freiburg / München 1985
Herstellung: Weihert-Druck GmbH, Darmstadt
ISBN 3-495-47589-3

INHALT

Einführung   VII

Kritik am Subjekt   1

Der Krieg, die Philosophie und der Frieden   27

"Körper und Geist" als Mißverständnis   53

Überlegungen zur Frage nach einer Ethik   75

Anmerkungen   103

Register   107

EINFÜHRUNG

Die Eule der Minerva beginnt - so sagt man - ihren Flug mit
der Dämmerung, wenn der Tag müde, die Zeit alt geworden ist,
wenn die Schlachten geschlagen sind. Weisheit folgt auf die
Tatkraft; sie ist abgeklärt, hat die Turbulenzen und verwir-
renden Zusammenhänge hinter sich gelassen. Das Denken, das
über sich und die Welt nachdenkt, blickt zurück.

Mit jenem Denken ist nicht das Planen und Entwerfen, das
Beraten und Ausdenken gemeint, sondern das Philosophieren.
Die Eule der Minerva beginnt ihren Flug, wenn die Bedürfnisse des Tages und des Marktes zur Ruhe gekommen sind,
wenn die Muße eingekehrt ist, die schon Aristoteles als für
die Philosophie unverzichtbar erklärt hat. Jenem Gedanken-
flug geht es nicht um die Realisierung seiner Vorstellungen
in der Welt, er ist nicht das Erste im und für das Handeln,
sondern das Letzte, er überfliegt das Geschehene und Gese-
hene und bringt es auf den Begriff, erkennt es, wie es ist.

"Wenn die Philosophie ihr Grau in Grau malt, dann ist
eine Gestalt des Lebens alt geworden, und mit Grau in Grau
läßt sie sich nicht verjüngen, sondern nur erkennen; die

Eule der Minerva beginnt erst mit der einbrechenden Dämmerung ihren Flug."[1]

Auf vier einander entsprechenden und doch je wieder neu
einsetzenden Wegen versucht demgegenüber der vorliegende
Band, jenem Eulenflug eine andere Richtung und Deutung zu
geben, Philosophie nicht als notwendig Nachträgliches zu
verstehen, sondern als Vorzeichnung und Ausdenken von noch
und erst Möglichem, das in der Kommunikation mit spekula-
tiver Phantasie zu Wirklichem wird.

Die Philosophie komme, sagt Hegel an der zitierten Stelle, für jedes Wort darüber, "wie die Welt sein soll", "oh-
nehin ... immer zu spät. Als der Gedanke der Welt erscheint
sie erst in der Zeit, nachdem die Wirklichkeit ihren Bil-
dungsprozeß vollendet und sich fertig gemacht hat." Kehren
wir aber die Richtung der Philosophie um, dann folgt sie
nicht mehr der vollendeten Wirklichkeit nach, sondern macht
sich auf den Weg einer zu verändernden Wirklichkeit, dann
sagt sie zwar nicht, aber fragt, wie die Welt sein soll,
oder doch sein könnte, und wie sie nicht ist. Vor dem Blick
eines verändernden Denkens könnte die alt gewordene Gestalt
des Lebens, unsere bisherige abendländische Geschichte, ein
Gegenbild aus sich heraus sichtbar werden lassen, als etwas
das weder einfach da ist, noch erst hervorzubringen wäre,
sondern das im Vorzeichnen und Ausdenken zur Welt kommt und
sich er-gibt.

Ob es ein veränderndes Denken der Wirklichkeit gibt, das
hängt vielleicht mehr noch als am Begriff des Denkens am
Begriff der Wirklichkeit. Um im Bild zu bleiben: dem Flug

der philosophischen Eule kann nur dann eine andere Richtung
gegeben werden, wenn das Verhältnis von Tag und Nacht ein
anderes wird, wenn der Tag nicht, müde geworden, in die
Nacht mündet, wenn er sich vielmehr aus der Nacht heraus-
hebt, die in seine Dämmerung übergeht.[2] Die Wirklichkeit
von Tag und Nacht ist nichts Eindeutiges, etwas, das nun
einmal so ist, wie es ist, sondern durch eine Wendung des
Blicks und seiner Perspektive zeigt diese Wirklichkeit ein
anderes Gesicht, sie ist veränderbar.

Das Verändernde ist hier das Sehen oder Denken, das sich
im Verändern selbst verändert. Gemeinsames Thema der vier
Versuche dieses Bandes ist das kritische, das verändernde
Denken, das Denken in der kritischen Situation: seine eigene geschichtliche Wirklichkeit - die Subjektivität -, die
Wirklichkeit des Verhältnisses von Krieg und Frieden und
die des Verhältnisses von Körper und Geist, schließlich die
scheinbar selbstverständliche Wirklichkeit philosophischer
Ethik, - jeweils versucht das Denken diese Wirklichkeit auf
ein in ihr Aufgespartes und Verweigertes hin zu verstehen
und zu verändern. Jeweils geht es damit den Weg seines eigenen Anderswerdens, insofern es die Eindeutigkeit des Sub-
jekt-Objekt-Verhältnisses verliert zugunsten der konstellativen Vieldeutigkeit eines mitspielenden Sich-Einlassens
auf die Welt und sein In-der-Welt-sein.

Das verändernde Denken erkennt nicht nur, sondern ist tä-
tig, insofern es, in gewandelter Einstellung, die Welt und
ihre Dinge anders ankommen und sein läßt. Sein Gegenstand
oder Thema bleibt nicht unberührt von der Weise seines Ge-

dachtwerdens ihm gegenüber bestehen, sondern das Denken
setzt etwas in Gang, läßt eine Wechselwirkung zwischen sich
und der Wirklichkeit geschehen. Insofern - und nicht, weil
drei der vier Abhandlungen sich auf Sachverhalte richten,
die in der Tradition eher der "praktischen Philosophie" zugerechnet wurden - könnte das verändernde Denken ein prak-
tisches Denken genannt werden, im Gegensatz zu Hegels Eule
der Minerva, zur bedürfnis- und interesselosen reinen Theorie. Aber diesem praktischen Denken stünde dann gerade keine theoretische Philosophie mehr zur Seite. Denn die Unterscheidung eines theoretischen und eines praktischen Gegen-
standes des Denkens fällt dahin, wenn in ihm jeweils mit
seinem Verhältnis zur Welt diese selbst auf dem Spiel steht
wenn umgekehrt jede Betrachtung der Welt das In-der-Welt-
sein mit einbezieht und über beide zugleich entscheidet.

KRITIK AM SUBJEKT

Was kann das heißen: "Kritik am Subjekt"? Soll dieses oder
jenes Verfehlen oder Unvermögen des Subjekts kritisiert
werden, durch das es hinter dem zurückbliebe, was es seinem Wesen nach sein könnte oder sollte? Soll das Subjekt
aufgefordert werden, besser oder richtiger, "subjekthaf-
ter" Subjekt zu sein? In diesem Sinne verstehen wir die
Wendung, wenn von der Kritik am Schulsystem, am Staat, am
Demokratieverständnis die Rede ist. Hier dagegen soll das
Subjekt als Subjekt zum Gegenstand der Kritik gemacht werden. Nicht etwas am Subjekt, sondern dieses selbst - was
es ist und daß es ist - ist betroffen. Kann jedoch das
Subjekt als solches überhaupt kritisiert werden? Hieße
das nicht soviel wie den Menschen selbst in Frage zu
stellen?

Was mit der "Kritik am Subjekt" angesprochen ist, ist
ein spezifisches, genauer das maßgebende neuzeitliche
Verständnis des Menschen von sich selbst und seinem Bezug zur Welt. Maßgebend ist es darum, weil hier nicht
ein Grundzug unter anderen in den Blick genommen wird,

weil vielmehr die Subjektivität den Seinsentwurf des neuzeitlichen Menschen bezeichnet. Dieser definiert sich von
seinem Subjektsein her, und d.h. unmittelbar auch, er· weiß
seine Welt und ihre Gegenstände und Begebenheiten als vom
Subjekt bestimmt oder sogar konstituiert, als das, was
ihm gegenüber- und entgegensteht, als seine Objekte. Subjektsein heißt, sich zu Objekten und nur zu Objekten verhalten. Neben der Beziehung von Subjekt und Objekt hat
kein anderes Verhältnis mehr Platz.[3]

Indem diese Kritik das Subjekt als spezifisch neuzeitlich versteht - auch wenn seine Ursprünge bis ins frühgriechische Denken zurückreichen -, setzt sie voraus, daß
das Subjektsein des Menschen keine unüberholbare anthropologische Konstante darstellt. Nur darum kann sie überhaupt
Kritik sein, weil sie davon ausgeht, daß das Kritisierte
veränderbar, historisch überholbar, aufhebbar ist. Der Bezug der Menschen zu sich, zu einander und zu der Welt, in
der sie leben, kann ein anderer werden, wie er zu anderen
Zeiten und an anderen Orten ein anderer war und ist. Während das neuzeitliche Subjekt sich in seinem Selbstverständ
nis für ein, mit Habermas gesagt,"'Projekt'der Menschengattung insgesamt" hält[4], und es die Geistesentwicklung von
den Anfängen der griechischen Philosophie bis hin zu Husserl als "die historische Bewegung der Offenbarung der uni-
versalen, dem Menschentum als solchen 'eingeborenen' Vernunft" versteht[5], stellt die "Kritik am Subjekt" diesen
Glauben an eine im Subjektsein sich erfüllende Entwicklung
der Menschengattung mit einer gewissen Naivität in Frage

und versucht, eine Wende im menschlichen Selbstverständnis
sichtbar und möglich zu machen.

Eine solche Kritik am Subjekt ist durchaus nichts Neuar-
tiges, erst noch in Gang zu Bringendes und zu Leistendes.
Ich möchte hier jedoch keinen Überblick über ein Stück neu-
erer Philosophiegeschichte geben, sondern diese Kritik
selbst einen Schritt weiter führen, indem ich im Begriff
des Subjekts das in ihm Negierte aufsuche und in einigen
seiner Momente zum Sprechen bringe.[6]

I.

Kant geht davon aus, "daß wir uns nichts, als im Objekt
verbunden, vorstellen können, ohne es vorher selbst verbunden zu haben, und unter allen Vorstellungen die Verbindung
die einzige ist, die nicht durch Objekte gegeben, sondern
nur vom Subjekte selbst verrichtet werden kann, weil sie
ein Aktus seiner Selbsttätigkeit ist."[7] Die Vorstellung
des Subjekts bezeichnet nach ihm kein "besonderes Objekt
... sondern eine Form"[8] des Erkennens, die das mannigfaltig Vorgegebene der Sinneseindrücke in die verständliche
Ordnung bringt. Das Subjekt gewährleistet die verbindend-
formende Synthesis, die allein es möglich macht, daß wir
in einer Welt gefügter und bestimmter Gegenstände leben
und uns zurechtfinden.

Hegel hat diese Einheit und Form verleihende Macht des
Subjekts radikalisiert und verabsolutiert. Eine seiner am
häufigsten zitierten Aussagen ist wohl die aus der Vorrede
der Phänomenologie des Geistes, daß seiner Einsicht nach

alles darauf ankomme, "das Wahre nicht als Substanz, sondern
eben so sehr als Subjekt aufzufassen und auszudrücken"[9].
Im folgenden Absatz wird das Subjektsein als "die Bewegung
des Sichselbstsetzens, oder die Vermittlung des Sichanders-
werdens mit sich selbst"[10] erläutert. Dasjenige, worum es
im Wissen und für das Wissen letztlich und in seinem Grunde geht, das Wahre, ist nicht, jedenfalls nicht allein,
ein bleibend und dinghaft Zugrundeliegendes, Sich-Durch-
haltendes, mit sich Gleiches, sondern es ist als Bewegung
zu fassen, eine Bewegung aber, die nicht Bewegung an oder
von irgendetwas und keine durch irgendein Bewegtwerden ver-
ursachte Bewegung ist, die vielmehr als Selbstbewegung, als
Bewegung des Sichselbstsetzens gedacht werden soll. Sich
selbst zu setzen aber heißt, sich in ein Gegenüber zu sich
selbst zu bringen und in diesem Gegenüber sich selbst zu
erkennen und wiederzuerkennen. Das Reale, die wirkliche
Welt, ist nur scheinbar etwas dem absoluten Subjekt gegenüber Anderes. In Wahrheit ist es das Gesetzte des Geistes.
Indem das Wahre als Subjekt aufgefaßt wird, wird die Wirklichkeit oder das Ganze als eine Entwicklung gefaßt, die
allein vom absoluten Geist selbst ausgeht und zu ihm zu-
rückkehrt. Das Subjekt ist dasjenige, was von sich aus die
gesamte Weltbewegung in Gang bringt, derart, daß es sich
selbst als diese Bewegung setzt; der Geist als Täter erfüllt sich in seinem Tun, in welchem er objektiv und sich
selbst greifbar und begreifbar wird.

Kant und Hegel sollten jedoch lediglich zur flüchtigen
Skizzierung des immanenten Problemansatzes dienen, bevor

ich jetzt die wichtigsten Grundzüge des neuzeitlichen Sub-
jektbegriffs aus der Perspektive seiner Kritik nachzuzeich-
nen und das leitende Weltverhältnis und Selbstverständnis
zu verdeutlichen versuche, um dessen Infragestellung es
hier zu tun ist.

In einer ersten Annäherung kann das Subjekt-Objekt-Ver-
hältnis in quasiräumlichen Termini beschrieben werden. Als
Subjekt wird der Mensch zur Bezugsmitte, auf die das Ganze
des Seienden hingeordnet ist, bzw. von der her es seine
Stelle und Ausrichtung, die Bahnen seines Erscheinens und
Geschehens empfängt. Vor dem Subjekt gerät, was auch immer
ihm begegnen kann, in die Position des distanzierten Gegenüber, desjenigen also, was grundsätzlich auf der anderen
Seite steht, derart, daß zwischen beiden Seiten kein
Gleichgewicht, keine Möglichkeit des Hinüber und Herüber
besteht, daß vielmehr die eine der anderen von vorneherein
anheimgegeben und unterworfen ist. Was immer sich dem Subjekt zeigen kann, erscheint bereits in den von diesem vorentworfenen Perspektiven, unter den Gesichtspunkten, die
seiner Rationalität oder Irrationalität entsprechen. Der
Bezugsmittelpunkt, der als solcher keinerlei Unter- oder
Zwischen-Anderem-sein zuläßt, hat nicht allein die Stellung eines Gegenüber, sondern eben darin zugleich auch die
eines Darüber. Denn das objekthaft Gegenüberstehende, das
Gegen-ständliche, ist das Verfügbare, Berechenbare, Machba-
re, also solches, worüber das Subjekt immer schon Herr geworden ist, - in der vierfachen Weise des In-Besitz-Neh-
mens, des Vorstellens und Begreifens, des Bearbeitens und

Produzierens, des Gebrauchens und Verwertens.

Als letzter und erster Bezugspunkt ist das Subjekt durch
nichts Anderes mehr gehalten; selbst Grund, ist es auf
nichts ihm Voraufliegendes rückbeziehbar. Es ist das absolute Von-sich-aus, für das jedes Verhältnis ein von ihm
ausgehendes ist, ohne daß es sich umgekehrt aus jenem Verhältnis selbst zu erfahren vermöchte. Als solches absolute Von-sich-aus ist das Subjekt aber nicht nur Eines unter
Anderen, kein bloß Einzelnes. Bezugspunkt für das Seiende
im Ganzen und in jedem Besonderen kann es nur sein, weil
es das Entwerfend-Ordnende, das Identifizierend-Beziehende
als das allgemein Vernünftige ist. Indem der Mensch sich
als Subjekt versteht, versteht er sich als Moment der über-
greifenden Subjektivität und ihrer Vernunft. Nur im Bewußtsein der eigenen Identität mit der einen und einzigen Ratio
nalität vermag er sich als das Maß und Kriterium jeden Vor-
habens und jeden Seins zu setzen. Das Subjekt ist allgemeines Subjekt. Darum wird die Unterordnung des Einzelnen unter die vernünftige Allgemeinheit nicht als Unterwerfung,
sondern als Teilhabe und als Erhöhung erfahren. Sich selbst
und Andere anzuerkennen, bedeutet für ihn das gemeinsame
Bestimmtsein durch das Vernunftprinzip, das ihm erst seinen eigentlichen und wesenhaften Rang verleiht.

Wie das endliche Subjekt sich selbst als Moment der wahren Allgemeinheit versteht, so begreift es jedes einzelne
Objekt als von vorneherein eingehörig in einen rational
entworfenen und verfügten Gesamtzusammenhang, innerhalb
dessen das Subjekt mit "objektiven" Gegebenheiten, sogar

mit Widerständen und Widrigkeiten zu rechnen hat. Da es
sich als Teil der umfassenden Vernünftigkeit weiß, in
deren Entwurf auch dem Sich-Entgegenstellenden immer
schon sein Platz zugewiesen ist, treffen es auch Negation und Widerspruch nur in rational vorentworfenen Bahnen, in denen etwaige Problemlösungen schon mit vorge-
zeichnet sind. Sogar da, wo es als endliches Subjekt gegenüber gesellschaftlichen Institutionen und Mächten seine faktische Ohnmacht erfährt, sogar da hat es, dadurch,
daß es sich überhaupt als Subjekt begreift, dem Überlege-
nen dessen Macht selbst zuerkannt, sie ihm gewissermaßen
abgetreten. Diese delegierte Macht konnte sich historisch
in einem solchen Maß verselbständigen und verfestigen, daß,
wie Adorno und Horkheimer in der "Dialektik der Aufklärung"
sagen, "das transzendentale Subjekt der Erkenntnis als die
letzte Erinnerung an Subjektivität selbst noch abgeschafft
und durch die desto reibungslosere Arbeit der selbsttätigen
Ordnungsmechanismen ersetzt" zu sein scheint. "Die Subjektivität hat sich zur Logik angeblich beliebiger Spielregeln
verflüchtigt, um desto ungehemmter zu verfügen."[11]
Der Raum, in dem das Subjekt sich seine Gegenstände ent-
gegensetzt, ist der grundsätzlich entschränkte, richtungs-
und differenzlose Bereich, in dem sich Abstände und Größen
nur durch die Unterschiede der Stellung in der vorgeplan-
ten Ordnung ergeben. Um das Zentrum der Subjektivität gliedert und strukturiert sich ein System von Setzungen und
Vermittlungen, das in leeres Nichts zusammenfiele, wenn
jenes verschwände. "Zum Wesen der Subjektivität des Subjec-

tum und des Menschen als Subjekt gehört die unbedingte
Entschränkung des Bereiches möglicher Vergegenständlichung und des Rechtes zur Entscheidung über diese",
heißt es bei Heidegger.[12] Daß der Bereich, in dem Gegenstände allein möglich werden, ein entschränkter ist,
meint auch, daß die Dinge, ihre Verhältnisse und Begebenheiten ihrer Vergegenständlichung keine Schranken
entgegenzusetzen vermögen, weil sowohl ihnen jede Eigenständigkeit, wie ihrem Bereich jede eigene Raumhaftigkeit
und Ortsbestimmtheit abgesprochen ist. Ausgezeichnete
Plätze, überraschende Lücken, offenbleibende Stellen, un-
begangene Wege sind hier nicht denkbar.

Da jener Bereich aus seiner vernunftbegabten Mitte gehalten ist, bleibt er aus ihr gesichert und begründet.
Das Subjekt begegnet allein solchem, das durch die Kategorien und Prinzipien seines Begreifens und Bearbeitens
vorgeformt und angeeignet ist; vor der Unsicherheit eines
unerwartet und fremd Auftretenden ist es - bis auf kurze,
schnell überwindbare Augenblicke des Stutzigwerdens - dadurch geschützt, daß das Feld, innerhalb dessen ihm etwas
vor Augen treten kann, das von ihm selbst ausgemessene und
ausgeschrittene Feld seines praktischen und wissenschaftlichen Weltentwurfs ist.

Dieser Entwurf ist durch das genannte Von-sich-aus des
Subjekts zu kennzeichnen. Aber zugleich ist er auch durch
eine Bewegung des Auf-sich-zu bestimmt. Die Ausrichtung,
die das Subjekt der gegenständlichen Welt gibt, geht _von_
ihm aus, bezieht sich jedoch ebenso _auf es zurück_, so daß

von einer Kreisbewegung des Entwerfens gesprochen werden
kann. Es ist dies die zirkuläre Struktur aller teleologischen Bewegung, die aber hier ihre letzte Folgerichtigkeit gewinnt. Die Objektivität ist für das vorstellende
Subjekt ein Zweckzusammenhang, der letztlich in nichts
Anderem als ihm selbst kulminiert; alle Handlungen, alle
Wahrnehmungen, alle Einsichten werden auf einen vernünftigen Gesamtzweck hin instrumentalistisch eingesetzt und
eingeordnet, welcher Gesamtzweck am Ende mit der Selbsterhaltung und Selbstverwirklichung des Subjekts identisch
ist, so daß das Von-sich-aus des Entwerfens als eines Für-
sich-Entwerfens nicht so sehr nur ein Ausgehen als vielmehr von vorneherein auch ein Zurückbeziehen, ein Verein-
nahmen und Sich-Angleichen ist.

Das so geschilderte Subjekt erscheint als der Inbegriff
von _Macht_. Alle Beziehungen innerhalb seines Geltungsbe-
reiches - und d.h. gemäß der Voraussetzung _alle_ seienden
Beziehungen überhaupt - lassen sich in ihrem Grund als Momente eines Macht- und Verfügungsgeflechts begreifen, dessen absolutes Zentrum das Zwecke setzende und durchsetzen-
de Subjekt ist.

Dieses das Gesamt des Seienden seinem Wissen und Wollen
unterstellende Subjekt ist in dem Sinne absolut, daß es
keinen Einbruch, keinen Abstrich, keine Beschränkung zulassen kann. Wie es für seinen Einzugsbereich weder ein
Außen noch eine Gegenmacht geben kann, die nicht am Ende
doch noch als Moment und Stufe einzuordnen wären, so kann
es selbst keine Frage hinsichtlich seiner Vernünftigkeit,

Zweckgerichtetheit und Mächtigkeit zulassen. Kein Nein
reicht an es heran; es ist schlechthinnige Affirmation,
die jeder Möglichkeit des In-Frage-Stellens je schon zu-
vorgekommen ist.

II.

Doch hat diese Geschlossenheit und Absolutheit, diese
Mächtigkeit des vernünftigen Zweckzusammenhangs so etwas
wie eine Rückseite oder vielleicht besser eine gegenwen-
dige Innenseite. Mit ihrer Nennung, obwohl diese noch der
Deskription und der Analyse zuzurechnen ist, ist zugleich
die Ebene angesprochen, auf der sich in unmittelbarer Weise der erste Anstoß zur Kritik aufdrängt. Läßt sich der
Gesamtbereich der bestimmenden Subjektivität als ein von
seinem Kraft- und Herrschaftszentrum aus entworfener und
gehaltener Funktionszusammenhang sehen, so bedeutet dies
auch, daß alles, was in diesem erscheint, seinen Ort und
Stand von der Funktion her hat, die ihm seine Stelle im
Gesamtsystem verleiht. Und das gilt dann keineswegs nur
für die Gegenstände - Instrumente, Produkte, Waren etc. -,
also für die vom Subjekt angeeigneten, hergestellten, be-
griffenen und verwerteten Objekte, sondern genauso oder
mehr noch für die einzelnen Subjekte, die gewissermaßen
das erste Material des Sich-Durchsetzens und Verfügens
des allgemeinen Subjekts darstellen und somit selbst zu
dessen Objekten werden. Alle geschilderten Grundzüge des
Subjekts weisen in die selbe Richtung, die des übergrei-
fenden rationalen Funktionszusammenhangs, der in seiner

Logizität und Gesetzmäßigkeit zur grundsätzlichen Unterwerfung nicht nur im Erleiden, sondern auch im Handeln
zwingt.

Wenn es in der "Dialektik der Aufklärung" heißt, "das
Erwachen des Subjekts wird erkauft durch die Anerkennung
der Macht als des Prinzips aller Beziehungen"[13], so er-
hält dieser Satz erst von hier aus seinen bitter-ironi-
schen Klang. Denn die Anerkennung der Macht als des Prinzips aller Beziehungen bedeutet zwangsläufig und "logisch"
Unterwerfung aller unter die Macht. Auch das Subjekt muß
zum sich unterordnenden Objekt werden, weil es auf der anderen Seite zum allgemeinen Prinzip der beherrschenden
Subjektivität werden mußte. Der Mensch als seiner selbst
bewußtes und mächtiges Subjekt, - das scheint zunächst zu
keiner Kritik herauszufordern. Sieht man aber, wie das
Subjekt gegenüber der von ihm selbst aufgerichteten kate-
gorialen und gesellschaftlichen Subjektivität zum bloßen
Objekt herabgesetzt wird, so wird es durch das Leiden am
Unterworfensein zur Infragestellung und zur Opposition geführt.

In der Kritik am Subjekt geht es jedoch nicht lediglich
darum, die Kritikwürdigkeit des Subjekts aus der leidenden
Erfahrung des zum bloßen Objekt herabgesetzten Einzelsubjekts zu erweisen. Ein solcher Aufweis bliebe leicht bei
Klage und Anklage stehen und würde es damit - gerade aufgrund der Erfahrungsevidenz - versäumen, weit genug hinter
den Augenschein zurückzufragen, also das Zum-Objekt-Werden
des Einzelsubjekts auf die Herrschaftstendenz des Subjekts

als solchen zurückzuverfolgen und in dieser zu kritisieren. Die in der Kritik am Subjekt aufzuspürende Negativität liegt nicht erst in ihren Folgen für das ohnmächtige
Individuum, sondern in der ihrer Macht gewissen Subjektivität selbst. Die unmittelbare, leidende Erfahrung ist
nicht das einzige Kriterium für Kritik; ihr an die Seite
treten und sie umgreifen kann und muß die grundsätzliche-
re theoretische Kritik als Arbeit des Begriffs, der in
die Grundkonstellation zurückfragt, der die Leiden ma-
chenden Verhältnisse als die gewordene Wirklichkeit ent-
springen.

Diese Kritik beinhaltet sowohl das kritische Aufzeigen
der Negativität jener Grundkonstellation wie das Sichtbar-
machen des Dreh- und Wendepunktes, von dem her die Negativität allererst als eine solche denkbar oder begreifbar
und also selbst negierbar wird, so daß dann umgekehrt
"die vollendete Negativität, einmal ganz ins Auge gefaßt,
zur Spiegelschrift ihres Gegenteils zusammenschießt."[14]
Kritik ist, wie mir scheint, allein wirklich zu vollziehen,
wenn ihr Blick auf die Gegenwart bereits anderswo herkommt,
wenn dieser Blick selbst sich schon gewendet hat und aus
einem anderen Sehen her auf das sich als kritikwürdig Zei-
gende zurückblickt. Etwas zu kritisieren, heißt, zugleich
einem Anderen das Wort zu lassen. Dieses Andere liegt nicht
in erster Linie in einer zu entwerfenden, zu planenden, zu
bewerkstelligenden Zukunft, sondern es erscheint in dem zu
Kritisierenden selbst, - in dem Augenblick, da wir uns ihm
anderswoher zuwenden und uns darin gegen es wenden.

Die kritische Situation ist unsere eigene; fassen wir sie als Moment auf einem Weg, den wir gehen und auf dem wir uns umwenden können, so werden Richtung und Perspektive unseres Aufnehmens dieser Situation eine κρίσις, eine entscheidende Unterscheidung im Gehen selbst hervorrufen können. Auf einem weiterkommenden Weg - hier dem des Subjekts - innezuhalten und zurückzublicken, derart, daß ineins mit dem Rückblick sich ein Anderes, Vorausliegendes als diesen Blick führend herausstellt, das bedeutet nicht einfach ein - wie auch immer zu motivierendes - Stehenbleiben; jenes Innehalten ist ein Innewerden, das sich auf Erfahrungen einläßt, die sich ihm ergeben und ihm zufallen. "Das, was ist, kann nicht wahr sein", sagte Bloch 1918[15]; aber gerade in der Unwahrheit des Bestehenden zeigt sich zugleich ein Anderes, Wahres. Ohne dieses bleibt die Kritik ohnmächtig.

III.

Erinnern wir uns an die vorhin gegebenen Bestimmungen, so ist das Subjekt das im Entwerfen, Sichern und Verfügen alles Begegnende auf sich rückbeziehende allgemein-vernünftige Von-sich-aus, das Eine, das als der vermittelnde Bezugspunkt jedes Seiende und jeden Sachverhalt zu seinem Gegenüber und damit zu einem Beherrschbaren macht. Wissenschaftliche Forschung und industrielle Produktion und Nutzung, Handel, Verkehr und Verwaltung unterstehen dem Zug des beherrschenden Von-sich-aus des sich selbst verwirklichenden und bestätigenden Subjekts. Die allumfassende

Unterwerfung unter den Entwurf des vernünftigen Subjekts
als des bestimmenden Einen können wir als seinen zusam-
menfassenden Grundzug festhalten und damit als das, was
für das Subjekt selbst sein Eigenstes und sein einzulö-
sendes Versprechen darstellt.

Das Eine ist nicht das Andere. Die Einheit stiftende
Unterordnung unter den zweckmäßigen Entwurf ist Absage
an den Eigensinn des Anderen und Fremden. Das Subjekt
duldet nur Objekte, und Objekte vermögen sich als solche
nicht zu entziehen, sie sind immer schon jeder Fremdheit
entkleidet; sie sind nicht anders. Das Anderssein und Er-
staunlichbleiben ist somit das eigentlich Negierte der
subjekthaften Identität. Kritik am Subjekt wäre dement-
sprechend in der Weise zu üben oder einzuüben, daß das
Einheitsversprechen des Subjekts konfrontiert wird mit
dem Anderssein erfahrenden, Veränderung intendierenden
Blick der kritischen Wende.

Wird ein Anderes als Anderes, d.h. als bleibendes Anderes zugelassen, dann ändert sich in einem, dem kritischen
Augenblick der Raum des Denkens, seine Struktur und Bewegung. Denn jetzt kann es sich nicht mehr um ein gerichte-
tes, auf einen eindeutigen und gewissen Bezugspunkt zen-
triertes Feld handeln; dessen Dynamik fällt in sich zusammen. Die Einsinnigkeit und Überschaubarkeit, die trotz aller Komplexität der Fakten durch die Gesetzmäßigkeit und
Geschlossenheit der ordnenden und gliedernden Systematik
gewährleistet waren, scheiden sich in ein Ineinander und
Miteinander mannigfaltiger Bezüge, hier und da auftreten-

der Überschneidungen und Unterbrechungen, zufälliger Begebenheiten und erstaunlicher Konstellationen.

Die Anerkennung von Anderssein bedeutet, daß es keine
vorentworfenen Bahnen gibt, die Unterschiedliches immer
schon übergriffen und einander angeglichen haben, daß
vielmehr das Eine und das Andere aus einem nichthaften
Raum heraus aufscheinen und durch ihren Zwischenraum hindurch in ein mehrdeutiges Zusammenspiel treten. Jener
Raum ist zum einen offen; er ist weder zentriert noch po-
larisiert, er spaltet sich nicht in die beiden Seiten des
Gegenüber von Subjekt und Objekt. Doch zum anderen ist er
nicht gleichmäßig und entschränkt, sondern er fügt sich
in ausgezeichnete Richtungen und besondere Orte, er färbt
sich vieldeutig und vielseitig durch ein wechselndes Spiel
von Ferne und Nähe wie von Schatten und Licht.

Aus dem Gesagten folgt, daß die Bereitschaft, ·ein Anderssein zuzugeben, nicht lediglich eine zweite Größe in den
Subjekt-Ansatz hineinbringt, sondern daß es hier um ein
grundsätzlich verändertes Sehen geht, in dem das Subjekt
unter der Hand aufhört, Subjekt zu sein. Indem es ein Anderes als ein Anderes wahrnimmt, erfährt es sein eigenes
Auslangen als ein begrenztes, seinen Ort als einen endlichen, sein Sein als ein verhältnishaftes. Es erfährt sich
als Einen unter Anderen, als Anderen unter Anderen. Anerkennung des Andersseins des Anderen ist zugleich Übernahme
des eigenen Andersseins, der eigenen Fremdheit.

Mit Anderssein und Fremdheit ist somit nicht lediglich
das Fehlen eines vorgängigen Bezugs von Bekanntheit oder

Vertrautheit gemeint, durch das das Eine dem Anderen bei
aller zugleich möglichen Nähe doch immer auch fernbleibt.
Vielmehr ist dieses Fehlen des Bezugs nur eine Seite des
Fremd - und Andersseins. Daneben steht das eigene Anderssein des Fremden, das es in unserem Zusammenhang zunächst
herauszustellen gilt. Allerdings wird man fragen, ob es
überhaupt einen Sinn hat, von einem eigenen Anderssein zu
sprechen, ob nicht das Andere immer Anderes eines Anderen
ist.

Sicherlich, in einer gedachten Welt eines einzigen
Seienden, dem jede Mehrfalt und Vielheit mangelte, gäbe
es kein Anderssein. "Als Selbes und im Selben bleibend
beruht es in sich selbst", sagt das Gedicht des Parmenides.[16] In dem Augenblick aber, da sich ein Anderes, zunächst auch nur im Sinne des Zweiten, zeigt, ist mit einem
Schlage auch das Eine, das seiende Einzelne ein Anderes.
Es nimmt einen eigenen Ort ein, unterscheidet sich, indem
es es selbst ist. Es steht als Einzelnes für sich da, ge-
sondert, geschieden, weil ein Zweites da ist, auf das es
sich bezieht, auch wenn es nicht ausdrücklich eine Beziehung aufnimmt. Insofern ist es fremd an ihm selbst.
Der Zwischenraum, der zwischen ihm und allem Sonstigen
liegt, ist die Distanz, aus der sich ihm sein eigenes
Anderssein ergibt. Anderes und anders ist es, indem es
aus dem Feld des Nichtseins, das um es herum sich ausbrei-
tet, gewissermaßen sich selbst empfängt, weil dieses
Feld Raum gibt für voneinander Geschiedenes und Unter-
schiedenes.

Das eigene Anderssein des Einen als eines Anderen beruht also, trotz seiner Eigenständigkeit oder seines Selbstseins, in zweifacher Weise auch auf Anderem: Zum einen, indem es nur im Bezug zu Einem, dem gegenüber es Zweites oder das ihm gegenüber Zweites ist, zu seinem Eigenen findet. Zum anderen, indem es, um seinen Eigen-Sinn zu entfalten, des nichthaften Raumes bedarf, aus dem sowohl es wie jenes Andere herausstehen.

Aber zweifellos ist das Andere nicht nur selbst Anderes, sondern ebenso Anderes des Anderen. Doch bedeutet dieses Anderssein gegeneinander kein bloßes Getrenntsein. Das Anderssein ist selbst Bezug. Das Sich-Beziehen der Anderen aufeinander und ihr Sich-Verhalten zueinander sind dadurch gekennzeichnet, daß sie, geschieden voneinander, durch den Zwischenraum hindurch zueinander sprechen und aufeinander hören, etwas miteinander anfangen können, weil sie, als Andere, sich gegenseitig etwas zu sagen haben.

Wenn wir versuchen wollen, ein wenig systematisch zu gliedern, so lassen sich drei Grundweisen solchen Sich-Beziehens unterscheiden. In Beziehung und Konstellation zueinander oder miteinander können zwei Dinge stehen, aber auch ein Mensch und ein Ding, oder ein Mensch und ein Mensch. Es ist das mittlere dieser drei Verhältnisse, also das Verhältnis von Mensch und Ding, das in der bisher geübten Kritik am Subjekt die wichtigste, weil auch die vom Kritisierten unmittelbar vorgegebene Bedeutung gehabt hat, - dies sowohl bei Heidegger, z.B. in seinen Gedanken zum Wohnen und Schonen oder zur Gelassenheit, wie bei

Adorno, am eindeutigsten wohl in seinen Minima Moralia
und in einigen Passagen der Negativen Dialektik. Obgleich
ich auch und vor allem im Folgenden dieses Verhältnis,
die Konstellation von erfahrendem und handelndem Menschen und von ihm begegnendem Ding im Blick habe, ist es
doch wichtig, darauf hinzuweisen, daß mit der Kritik am
beherrschenden und von sich aus entwerfenden Subjekt der
fraglose Ausgang vom auf sich beziehenden Menschen und
der Vorrang seines Sich-Beziehens auf Dinge bis zu einem
gewissen Grade hinfällig werden müssen.

IV.

Das Subjekt kann als solches keine Nähe und keine Ferne
erfahren, es kann nicht schenken, nicht finden und nicht
danken, das Subjekt kann weder im eigentlichen Sinne hören und lernen, noch irren. Und es kann all dies nicht,
weil es in einer wesenhaft einsinnig ausgerichteten Welt
lebt, in der ihm nichts wirklich Erstaunliches, nichts
gänzlich Unerwartetes oder Zufälliges entgegenkommen kann,
in der alles Begegnende ein zuvor schon zum Gegenstand
Verfestigtes ist, das in dem in sich schlüssigen Bezugs-
system vernünftiger Kategorialisierung eingefangen und
identifiziert bleibt. Die Kritik am Subjekt läßt dieses
starre Schema sich verflüchtigen und beide, das Begegnende und den, dem es begegnet, das Erfahrene und den Erfahrenden in den offenen Raum eines freien Sich-aufeinander-
Einspielens gelangen.

Gegenüber dem vergegenständlichenden und vergewissern-

den Bezug des Subjekts auf das Objekt ist das Zusammenspiel der Anderen, das sich nicht einer einheitlichen
und bleibenden Vernünftigkeit untergeordnet hat, ein
vielschichtiges und schillerndes, anhebend und verklin-
gend, bunt und sich wandelnd. Es vollzieht sich als ein
Aufeinanderzukommen und Auseinandergehen, als ein Zeigen
und Zusehen, ein Sprechen und Zuhören, ein Anfühlen und
Ertasten, also als ein leibhaftes Miteinanderzutunhaben,
in dem Sinnliches und Besonnenes hin und her gehen, sich
ansprechen und sich entsprechen.

Die Bestimmung des Denkens, die es als vernünftige Allgemeinheit kennzeichnete, bedeutete für das Selbstbewußt-
sein des Subjekts keine Einschränkung und Minderung; eben
in dieser Festlegung auf das Bleibende und von sich her
in Wahrheit und als Wahrheit Denkbare lag seine höchste
Würde und Auszeichnung, die es über das Treiben und Meinen der "Sterblichen" erhob. Zusammen mit der Sterblichkeit, also dem Bezug auf das eigene Sterbenmüssen, werden zuletzt jede Endlichkeit und Nichtigkeit dem Denken
ferngehalten. Zwar weiß es sich in einer Welt des Begrenzten, Entstehenden und Vergehenden, räumlich, zeit-
lich und qualitativ durch mannigfaches Enden Angefochte-
nen, das dem Wollen und Tun in vielfältiger Weise ein ent-
schiedenes Nein entgegenzusetzen vermag. Aber durch seine
eigene vorgängige Entschiedenheit für das Identische und
Sichdurchhaltende in allem Wechsel, das Grundhafte im Zufälligen, das Allgemeine im Besonderen, also für das Sein
im Seienden, welches Sein neuzeitlich im Ausgreifen über

alles Entgegenstehende vom Denken selbst übernommen wurde, - durch diese Entschiedenheit hat sich das denkende
Subjekt über die Endlichkeit des Endlichen hinweggesetzt,
und dies auch und gerade da, wo, wie im spekulativen
Idealismus Hegels, die "ungeheure Macht des Negativen"
und die "absolute Zerrissenheit" dem "Leben des Geistes"
zugehörig bleibt. [17]

Gibt es aber keine eine Wahrheit des in sich beständigen Seins, auf die sich das Denken zurückberufen kann,
dann gilt es, sich auf die Zerrissenheit als den Riß des
Andersseins einzulassen, statt sie als Moment des eigenen
Sich-auf-sich-Beziehens unschädlich zu machen, dann muß
das Denken lernen, mit dem Endenden und Nichtshaften -
seiner selbst und des jeweilig Anderen - umzugehen. Dieses
Verweilen ist nicht die Zauberkraft, die es (das Negative)
in das Sein umkehrt. Dieses Verweilen ist ein sterbliches
Verweilen bei Sterblichem.

Wird der Subjekt-Entwurf hinterfragt und damit auch die
fraglose und nichts-lose Selbigkeit und In-sich-Geschlos-
senheit des Seins aufgegeben, so findet das Denken seinen Stand inmitten des sich verändernden Feldes vielge-
sichtiger Dinge und Sachverhalte, einen Stand, der nie
anderes sein kann als Moment eines - vielleicht kreuz und
quer führenden - Weges, auf dem Perspektiven und Ausblicke
vielfältig wechseln, Richtungen und Bewegungsweisen nicht
unveränderlich vorgegeben sind. Mir scheint, daß auch der
Ansatz des späteren Heidegger bei der Welt und den Dingen,
die auf der Erde und unter dem Himmel sind, in diesem Sin-

ne verstanden werden kann.

Eine räumliche und zeitliche und qualitative Endlichkeit und Nichtshaftigkeit zuzulassen und sich selbst auf
sie - als eigene oder fremde - einzulassen, bedeutet das
aber nicht, daß das Denken grundsätzlich jeden sicheren
Boden und Halt verliert, derart, daß es einem schwanken-
den Hin und Her und - schlimmer noch - einer bloßen Beliebigkeit ausgesetzt würde, so wie auf der anderen Seite
auch die Betonung des Andersseins die radikale Vereinzelung eines jeden auf sich selbst herbeiführen könnte, was
wiederum auf Richtungslosigkeit und so Beliebigkeit hinaus-
laufen müßte?

Es mag sein, daß es diese Sorge und dieses Bedenken sind,
die die Kritik am Subjekt in der Regel gerade nicht den
Weg der freien Übernahme des Andersseins im Bezug der Einzelnen untereinander nehmen ließen, die vielmehr dahin
führten, daß die Souveränität und Spontaneität des Subjekts
dadurch in Frage gestellt wurden, daß ihm eine andere, grö-
ßere, umfassendere Macht oder ein Machtgefüge übergeordnet
und substituiert wurden. Kann ein solcher Versuch aber der
Gefahr entgehen, am Prinzip festzuhalten und lediglich seinen Träger oder Sachwalter auszutauschen oder zu verändern?
An die Stelle des Ich ein Du zu setzen, an die Stelle der
Subjektivität einen Vorrang des Objekts, an die Stelle des
Von-sich-aus ein Machtbeziehungsgeflecht?

All dies wären, so verstanden, nur Ersetzungen, deren
prinzipielle Einlösung kritischer Veränderung insofern un-
terbunden bliebe, als sie es nicht vermögen, über das hin-

aus- bzw. durch das hindurchzugelangen, was die Nicht-
Nichthaftigkeit des Seins genannt werden könnte, und damit eine Offenheit und eine Endlichkeit zu erreichen, die
menschliches Bezogensein freilassen in ein Spiel sich je
und je ergebender Begegnungen und Erfahrungen. Dem negie-
renden Einwand gegen die Einseitigkeit des von sich aus
denkenden und beherrschenden Subjekts ist weder dadurch zu
entsprechen, daß ihr ein "Befiehl dem Herrn deine Wege"
noch aber auch die Einsicht "Die Sprache spricht. Der
Mensch spricht, insofern er der Sprache entspricht"[18]
entgegengehalten wird. Allerdings auch nicht durch das
umgekehrte Extrem; das individuelle Subjekt ist nicht zu
übersteigen oder zu hintergehen durch seine Aufhebung in
ein auf der Anerkennung der Selbstbewußtseine aufbauendes
sittliches Allgemeines oder durch die "Reduktion des Menschen auf die ihn umgebenden Strukturen", welche Reduktion
"ein Optimum des Funktionierens" des Menschen intendiert.[19]

In all diesen Versuchen soll die Endlichkeit des Einzel-
seins und Andersseins auf irgendeine Weise überspielt oder
überboten werden. Fast scheint es, als sei es dem Menschen
gar nicht möglich, seine eigene Sterblichkeit wie die Veränderlichkeit und Mannigfaltigkeit seiner Welt ernst zu
nehmen und bei ihr zu bleiben, - als könne er sich nicht
wirklich im Erstaunen aufhalten, ohne es sogleich durch
Begründung und Rückführung auf ein Erstes und Umfassendes
zu verlassen und so sich und es gleichsam zu beruhigen.

Wie steht es aber, wenn die genannten und ähnliche Versuche nicht tragen, weil sie das Eine und das Andere nicht

als Anderes unter Anderem zu denken, nicht beim Erstaun-
lichen zu bleiben vermögen, mit dem Verdacht der Beliebigkeit und Haltlosigkeit eines endlichen Denkens des
Anderen? Auch wenn wir uns hüten müssen, nicht schon mit
dieser Frage in etwas zurückzugleiten, das gerade kritisch
zu verlassen wäre, ist es doch sinnvoll, wenn nicht gar
notwendig, sich ihr zu stellen, - in dem klaren Wissen
allerdings, daß keine Antwort hier in dem Sinne befriedi-
gend sein könnte, daß sie dem traditionellen Bedürfnis
nach Gewißheit und Sicherheit noch zu entsprechen vermöchte.

Die Frage geht auf die Verbindlichkeit des Denkens,
darauf also, woran es sich binden kann, wenn ihm kein
eines Wahres mehr vorgegeben ist. Deutet aber nicht die
Rede von der Nichthaftigkeit des Raumes, in dem Anderes
mit Anderem ins Spiel kommt, darauf hin, daß das Verbin-
dende gerade geleugnet werden soll? Das gilt sicher für
ein Verbindendes über oder hinter den Einzelnen. Doch wurde das Anderssein nicht nur durch Nichthaftigkeit, sondern
ebensosehr durch Bezughaftigkeit gekennzeichnet. Anderes
steht als Anderes unter, d.h. zwischen Anderen, auf die es
sich bezieht und die sich auf es beziehen. Der Bezug ist
Bezug, indem er einen leeren Raum durchzieht, sich aus-
spannt von einem Ort zu einem ganz anderen hin, indem er
somit als dieser Bezug die Leere selbst zum Schwingen
bringt. Er hält Unterschiedene zueinander und auseinander,
er stiftet sowohl ein Bindendes zwischen ihnen, wie er sie
als Unterschiedene sein und in ihrem Gegenüber beharren

läßt. Er bedeutet ineins ihre Nähe und ihre Ferne.

So ist jedes einzelne Andere gebunden in den Bezug zu
diesem oder jenem Anderen. Aus ihm entnimmt es Weisung
und Anhalt für Richtung und Art seines Weges, so zwar,
daß es sich ihm einerseits anvertrauen kann, weil es andererseits selbst Teil dieses Bezuges ist, weil es somit,
indem es auf ihn hört und von ihm lernt, zugleich ihn verändert und bestimmt. Auch hier können wir von einer Allgemeinheit sprechen, obgleich sie sich ums Ganze von der
Allgemeinheit der Vernunft und normativen Gesetzgebung
unterscheidet. Es ist die Allgemeinheit des Zusammenspiels
und des Sich-aufeinander-Einspielens, eine konkrete und
immanente Allgemeinheit, der ihr Verbindendes nicht vorauf-
liegt, sondern die es je und je im Sich-Beziehen Anderer
aufeinander entstehen, sich wandeln und sich anders entfalten läßt. Sie ist das, worauf die Einzelnen sich miteinander einigen, sie ist, anders gesagt, das Miteinander selbst
und nichts als dies.

Mit der Verbindlichkeit und Allgemeinheit des Denkens,
das sich nicht mehr dem teleologischen Bestimmen einer
einen Vernunft verpflichtet weiß, hat sich grundsätzlich
sein Charakter als Denken gewandelt. Bei Hegel lesen wir:
"Alles Erkennen, Lernen, Einsicht, Wissenschaft ... hat
kein anderes Interesse als das, was an sich, innerlich ist,
aus sich herauszusetzen, hervorzubringen, sich gegenständ-
lich zu machen."[20] Das Denken des Subjekts ist Handeln in
dem Sinne, daß es nicht bloßes Schauen und Aufnehmen, also
nicht reine θεωρία ist, sondern ein entwerfendes Setzen,

Vergegenständlichung und Bestätigung seiner selbst in
seinen Objekten. Es ist letztlich Produktion - seiner
Gegenstände wie seiner selbst in ihnen. Die Einheit und
Allgemeinheit der Objektivität der Welt des Subjekts ist
die Einheitlichkeit eines Produktions- und Verwertungs-
zusammenhangs.

Das Denken, das von seinem Anderssein ausgeht, ist ebensowenig rein theoretisch, aber sein Tätigkeitscharakter
ist ein wesentlich gewandelter, eben weil es sich eingebunden weiß in eine Welt von Verhältnissen und Bezügen,
statt ihr als bestimmender Ausgang gegenüber zu stehen.
Insofern es selbst Verhältnis ist, läßt es sich angehen
von dem, wozu es sich verhält, es fragt und sagt, es
lernt und läßt lernen. Lernen heißt hier, sich einlassen
auf die Perspektive des Anderen und in einen Austausch
treten mit ihr. Das Denken des Andersseins ist ein sich
veränderndes Denken, weil es seinen Stand nicht an einem
fixen und gesicherten Punkt hat, sondern sich in den Raum
der Bezughaftigkeit und seiner wechselnden Konstellationen
gestellt sieht. Dieser Raum läßt sich auch als Raum des
Erfahrens bezeichnen, eines wachen, aufmerkenden, mitge-
henden, eben sich verändernden und lernenden Erfahrens.

Von einer besonderen Macht oder Mächtigkeit dieses Denkens kann sicher nicht die Rede sein. Wohl aber von einem
Vermögen und einem Können eigener Art. Dieses Können wächst
ihm zu aus seiner Bereitschaft, auf das Wechselspiel der
Verhältnisse und Sachverhalte zu hören, sich ihm einzufü-
gen, an ihm seinen Teil zu nehmen und zu geben. Ist der

Weg nicht ein vom Vernunftgrund und -ziel vorgegebener,
sondern sind, mit Heraklit gesagt, der Weg hinauf und
der Weg hinab einer und derselbe[21] - für den nämlich,
der sich der einen wie der anderen Richtung zu überlassen und sie eben darin zu übernehmen vermag -, so spielt
sich dieses doppelwendige Gehen auf die je gewollten und
die je gegebenen Möglichkeiten ein, es übernimmt die Möglichkeiten des "Weltspiels" als sein eigenes Vermögen.

DER KRIEG, DIE PHILOSOPHIE
UND DER FRIEDEN

Unter dem Titel "Geheimer Artikel zum ewigen Frieden"
schreibt Kant: "Die Maximen der Philosophen über die Bedingungen der Möglichkeit des öffentlichen Friedens sollen von den zum Kriege gerüsteten Staaten zu Rate gezogen
werden"[22].

Haben wir Philosophen <u>als</u> Philosophen etwas zum öffentlichen Frieden zu sagen? Ist also Frieden - auch - ein
<u>philosophischer</u> Begriff? Sicherlich wird innerhalb einer
Ethik, einer Rechts-, Sozial- oder Staatsphilosophie oder
etwa innerhalb der sog. Konfliktforschung vom Frieden ge-
handelt werden können. Außerdem gehört es zu dem - wie immer blaß verstandenen - Universalitätsanspruch der Philosophie, daß sie kein Thema grundsätzlich ausschließt, und
so auch nicht den Frieden.

Ich möchte jedoch die Frage, ob die Philosophen als Philosophen etwas über den Frieden zu sagen haben, radikaler
verstehen. Nicht so sehr, ob uns etwas zum Thema Frieden
einfällt, ob wir eine griffige Definition des Friedens zustande bringen, ob wir diesen Begriff philosophiehistorisch

nachzeichnen oder systematisch ableiten und vielleicht
als Maxime aufrichten können, steht für mich zur Frage.
Vielmehr geht es all dem zuvor darum, ob "Frieden"
selbst eine philosophische Kategorie im strengen Sinne
sein kann, und das heißt genauer, ob und wie dieser Begriff ein Moment philosophischer Selbstverständigung zu
sein oder zu werden vermag.

Diese Frage ist darum radikaler, weil sie - dem ersten
Anschein zum Trotz - der Sache selbst, dem Frieden, an
die Wurzel geht. Zwar gehört es nicht zum Geschäft der
Philosophie, Handlungsanweisungen oder auch nur Ratschlä-
ge zur Herstellung und Erhaltung von Friedenszuständen zu
geben. Gleichwohl kann sie, wie ich meine, durch ihr Denken in die Sache des Friedens selbst verändernd einwir-
ken. Denn ob Friede sein kann und was er sein kann, das
hängt davon ab, wie je Menschen Menschen sind, als was sie
sich verstehen, auf welche Weise sie sich verhalten. Dieses Menschsein aber ist nichts ein für allemal Feststehen-
des, sondern es hat eine Geschichte, in unterschiedlichen
Räumen und Zeiten ist es ein je unterschiedliches. Mehr-
fältige Komponenten fügen sich jeweils zur Bildung eines
geschichtlichen Menschseins zusammen. Auf deren Nennung
oder Gewichtung kommt es hier nicht an; aber ein ent-
scheidendes Moment ist jeweils, wie verschieden auch immer, die Weise, wie die Menschen sich und ihr Sein in der
Welt denken, welches Bewußtsein sie davon haben, daß sie
geboren werden und sterben, daß sie jeder für sich und
doch aufeinander angewiesen sind, daß sie sich mögen oder

sich stören usw. Auch nur ein oberflächlicher Blick auf
das Menschsein zu verschiedenen Zeiten und in verschiedenen Räumen macht unmittelbar deutlich, wie sehr die Kategorien des jeweiligen Selbst- und Weltverständnisses
voneinander abweichen. Vermögen wir uns aber über die
Grundsätze und Grundüberzeugungen, die solchem Verständnis zugrunde liegen, bewußt und klar zu werden, so vermögen wir sie auch, wenn sie unserem Wollen und Gefallen
nicht mehr entsprechen, kritisch zu verändern.

Dabei werde ich zunächst von einer kurzen Überlegung
zur gegenwärtigen philosophischen Diskussion ausgehen,
insofern ich diese als eine kritische verstehe, d.h. als
eine solche, in der es uns aufgegeben sein könnte, grundlegende Kategorien und Einsichten der bisherigen Geschichte in Frage zu stellen und neu zu bedenken, also zu verändern. In einem zweiten Schritt werde ich als zu verändernde Grundbegriffe unserer Tradition einerseits die allgemeine und wahre Vernunft und andererseits die isolierte
Einzelheit der selbständigen und doch gleichartigen Dinge
aufzeigen. Damit aber kommen wir drittens zu Krieg und
Frieden. Ich möchte deutlich machen, daß das Verhältnis
von vernünftiger Allgemeinheit und substantieller Einzelheit zu dem traditionell bekannten Verhältnis von Frieden
und Krieg in einen unmittelbaren Bezug gesetzt werden kann.
Daraus ergibt sich viertens die Frage, ob und wie hier für
das Denken eine Veränderung, ein Umdenken möglich werden
könnte. Ich versuche in einigen andeutenden Strichen ein
Sein und Menschsein zu zeichnen, das nicht über sich hin-

aus nach einer übergeordneten Einheit verlangt, sondern
in der unmittelbaren und konkreten Verhältnishaftigkeit
der aufeinander bezogenen und eben darum in ihrer jeweiligen Besonderheit zugelassenen Einzelnen wurzelt.
Fünftens meine ich, daß man diese Verhältnishaftigkeit,
deren Begriff heute eine kritische Kategorie ist, "Frieden" nennen kann.

I.

Philosophie sei, heißt es bei Hegel, "ihre Zeit in Gedanken erfaßt".[23] Die Menschengeschichte gliedert sich in
Zeiten, die sich dem Denken als je andere zeigen und entsprechend je anders auf den Begriff gebracht werden. Wir
können solche in Gedanken zu fassende Zeiten in kürzeren
oder weiteren Epochen aufgreifen. Ich verstehe im Folgenden den ganzen Zeitraum der okzidentalen Geschichte von
den frühen Griechen bis "heute" als eine Zeit, die in
einer Philosophie, der abendländischen Seins- und Ver-
nunftphilosophie, in Gedanken gefaßt wurde. Wir gehören
einerseits zu dieser Zeit; zum anderen aber scheint mir
unsere spezifisch heutige Situation dadurch ausgezeichnet
zu sein, daß so etwas wie eine kritische Rück- und Kehrt-
wendung des Bewußtseins gegenüber dem Bisherigen möglich
und nötig geworden ist, damit aber zugleich eine Wendung
zu einer neuen Zeit und damit zu neuen Gedanken.

Diese neuen Gedanken, die Philosophie einer anderen
Zeit also, sind nichts durch einen grundsätzlichen Sprung
vom Vormaligen Getrenntes, wir vermögen nie ganz neu, ganz

anders anzufangen. Jeder vermeintliche Anfang ist in
Wahrheit Veränderung, Weitergehen nach vollzogener kritischer Wendung. Allein unter an- und umverwandelnder
Aufnahme schon gedachter Gedanken, schon begriffener
Worte, schon gegangener Wege können neue Wege gefunden
und gegangen werden. Der Blick, der vor und zurück geht,
ist wissentlich und willentlich perspektivisch, er kann
nicht anders als einseitig und subjektiv sein. In ihm gewinnt das Denken eine Verständigung darüber, was seine
Wirklichkeit war und sein konnte und was sie nicht war
und nicht sein konnte, aber vielleicht sein könnte. Die
Begriffe, die das Denken sich bildet, sind in dem Sinne
kritische Kategorien, daß es sich in ihnen zugleich dessen bewußt wird, wie es die Wirklichkeit gedacht hat,
und wie es meint, sie denken zu sollen.

Die Grundausrichtung des bisherigen okzidentalen Denkens ging darauf, das, was ist, die Welt oder das Wirkliche, in vernünftiger, allumfassender Einheit und Allgemeinheit zu denken. In ihr versuchte es, die ängstigende
Vielheit, Veränderlichkeit und Endlichkeit des Seienden
und seiner selbst in den begreifenden Griff zu bekommen.
Es richtete eine Wahrheit auf, die alles sinnlich Vernom-
mene und alles Empfundene zum bloß Vermeinten disqualifi-
zieren konnte, um es als untergeordnetes, begrenztes und
unvollkommenes Moment sich selbst zu subsumieren. Als Teil
und Glied einer wie immer gearteten Unendlichkeit hat jedes Endliche immer schon seine nur ihm eigene Qualität
und seinen ihm allein zugehörigen Sinn verloren. Umgekehrt

hat das Denken, indem es sich auf das Allgemeine und
Bleibende richtet, sich in sich selbst als wahrer und
allgemeiner Vernunft festgemacht und sich so eindeutig
und radikal von jedem anderen Vernehmen, jedem möglichen
anderen Denk-Stil geschieden; es wird zu der Wesensaus-
zeichnung des Menschen.

Aus diesen wenigen andeutenden Bemerkungen wird schon
deutlich, daß die Größe und die Wahrheit eines solchen
Vernunft- und Seinsansatzes nur so lange bestehen, als
unser betrachtender Blick die Trennung in endlich und un-
endlich, mannigfaltig und einshaft, sinnlich-einzeln und
vernünftig-allgemein als evident anerkennt, so lange wir
uns also die Perspektive des Geistes und der Wahrheit zu
eigen machen können. Werden wir aber dessen inne, daß unser Blick in solcher Sicht sich selbst, das leibliche si-
tuationsgetragene Blicken des jeweilig einzelnen Augen-
Blicks notwendig verlassen und verraten hat, dann zeigt
sich, daß eben nur für die Vernunft alles, was nicht sie
selbst ist, unvernünftig ist, bzw. daß diese abwertende
Kennzeichnung nur aus ihrem Blickwinkel heraus überhaupt
sinnvoll ist. Nur für den vorgängigen Anspruch des Ganzen
ist jedes Einzelne bloßer Teil und negativ-begrenzt. Unsere heutige philosophische Situation und die aus ihr sich
ergebende Denkaufgabe scheint mir dadurch bestimmt zu sein,
daß wir vor der Möglichkeit und Notwendigkeit stehen, die
denkerischen Grundentscheidungen für die Einheit der Vernunft und gegen das Endliche und seine Besonderheit aus
einer grundsätzlichen Blickwendung heraus in Frage zu

stellen. Es ist in dem Sinne eine "kritische Situation", eine Situation der Krisis, der Unterscheidung und Scheidung, als die Blickwendung in einem und zugleich in das Gewordene und sein Gewordensein zurück- und auf das zu Verändernde und Gewollte vorblickt.

II.

Der erste, wenn auch nie allein zu vollziehende Schritt einer solchen Krisis ist der aus der veränderten Perspektive erfolgende Aufweis von Grundzügen des Bisherigen. Für die Auseinandersetzung mit dem Verhältnis von Krieg und Frieden beschränke ich mich hier auf die folgenden beiden Momente: Zum einen den Ansatz einer einheitlichen Grundbestimmung, die das allgemeine und vernünftige Prinzip auch jedes einzelnen Seienden ist und diesem somit seinen Seinsrang und seine gleichwohl begrenzte Wahrheit zu gewähren und zu garantieren vermag. Und auf der anderen Seite das Verständnis der Welt als einer Summe oder auch eines Systems von Einzelnen, und zwar von endlichen, gleichwohl aber in sich beständigen und selbständigen Substanzen, die den allgemeinen Seinssinn, dem sie unterstehen, je für sich austragen. Gerade weil vor der allgemeinen Vernunft das Mannigfaltige und Veränderliche als Zufälliges und Nichtiges erscheint, muß ihm andererseits, sollen wahres Erkennen und verläßliche Wissenschaft überhaupt möglich sein, eine eigene Ständigkeit und Identität zugesprochen werden. Auf der einen Seite also die logisch-rationale Einheit des Denkens und des Seins, auf der ande-

ren die unendliche Vielzahl der jener untergeordneten Einzelnen, die in ihrer isolierten Einzelheit - als Substanze
und als gleichfalls substantielle Subjekte - gleichwohl
die vernünftige Ordnung repräsentieren.

Die Welt allerdings, in der wir erfahrend leben, ist kei
neswegs nur durch rationale Gliederung und Eindeutigkeit
bestimmt, und sie besteht keinesfalls nur aus einem ineinander verzahnten Nebeneinander von Einzeldingen. Vielmehr
sind wir vernehmend, fühlend, denkend und handelnd in ein
Gefüge oder Gewebe mannigfaltiger Bezüge und Bereiche eingefügt und eingewoben. Wir leben in Zeiten, Räumen und Ver
hältnissen, haben es mit Situationen und Konstellationen
zu tun, mit Konfrontationen und Konfigurationen usw. Wir
bewegen uns inmitten von Stimmungen, Schattierungen, Strö-
mungen, Atmosphären, oder auch von Farben, Gerüchen, Geräu
schen. Begegnen uns selbständige Einzeldinge, so doch eben
falls in ganz spezifischen Verhältnissen und Zusammenhängen.

In Bezugsfeldern und Bewandtniszusammenhängen hat je jedes seinen je wechselnden eigenen Ort und seine nur ihm
zukommende Eigentümlichkeit. Gerade weil ein jeder und ein
jedes verwoben ist in Gemeinsamkeiten und vertraute Bezüge
vermag jedes einen Raum seines spezifischen und je erstaun
lichen Eigenseins zu wahren, bleibt es je ein anderes und
Fremdartiges gegenüber jedem Anderen. Anerkanntes Anderssein ist grundsätzlich unterschieden von isolierter Einzel
heit.

Die abendländische Denkgeschichte und das in ihr sich ar

tikulierende wie aus ihr sich nährende Selbstverständnis
hat jedoch jener konstellativen Vielfalt, dem Spiel der
Zufälle und Begegnungen sowie dem je eigenen Sinn seiner
jeweiligen Andersheit ein verläßliches Prinzip des bleibenden Seins und damit eine geschlossene Struktur des beständigen Seienden entgegengestellt bzw. unterlegt.
Gesetzmäßige Allgemeinheit, bleibende Strukturen, allgemein verbindliche Zwecksetzungen des Denkens und des Tuns
sind je unterschiedliche Weisen der begreifenden oder handelnden Bewältigung dessen, was als solches, nämlich als
Einzelnes, Zufälliges und Buntes, als Eigentümlich-Jewei-
liges unter solcher Bewältigung gleichsam zusammenzuckt
und sich fortan unter der Einerleiheit und Gleichförmig-
keit des gemeinsam Subsumierten verbirgt oder maskiert.
Unausweichlich tut der Anspruch des Un-endlichen dem Endlichen, das Absolute dem Beziehungshaften, die Notwendigkeit dem Zufälligen Gewalt an. Denn es gehört zum eigenen
Sinn des Vernünftigen, daß es das ihm Andere zu beherrschen, in sich zu integrieren, mit sich zu identifizieren
trachtet. Von ihm selbst her gesehen besteht eben darin
seine Wahrheit. Es selbst erfährt sein Herrschen als Sorge,
als Gesetzgebung und als Schaffen von Ordnung und rationa-
lem Zusammenhang.

III.
Die Einheit der Vernunft und des Seins hält sich für das
Prinzip des _Friedens_. Das Wort "Friede" meint ursprünglich
einen Zustand der Freundschaft und Rücksicht, der gewähr-

leisteten Sicherheit.[24] Der Frieden kann der allumfangen-
de beruhigte Bereich sein, der jedem seinen beschützten
Platz einräumt und sichert. Indem aber dieser Schutzraum
- diese Schonung - als gesetzmäßig-vernünftige Ordnung
mißverstanden wird, gewinnt er den Charakter des Ein-
ordnenden und damit Verordnenden. Frieden ist dann nicht
mehr der Name für das offene Zusammenspiel gegeneinander
Anderer, die sich miteinander aufeinander einlassen, sondern das durch Regel und Gesetz bestimmte und erzwungene
Gleichgewicht dessen, was unter Regel und Gesetz fällt und
darum in ihnen übereinstimmt. Friede heißt hier also verordnete Übereinstimmung, die allein durch vollkommene Unterordnung erreicht wird. Jede festgehaltene Eigenheit des
je Einen als des zugleich je Anderen bedeutet darum notwendig bereits Infragestellung jener Einheit und Auflehn-
nung gegen sie.

Das Einzelne steht unter dem Bann vernünftiger Identität,
die es allem übrigen und letztlich dem subsumierenden Begriff selbst angleicht, derart, daß seine Eigentümlichkeit
und seine Andersheit sich nur verzerrt, nur in der Konkurrenz und der Behauptung gegen das scheinbar Gleiche äußern
können. Der Widerstreit der Einzelnen untereinander ist die
Kehrseite der ihnen angetanen, sie unterwerfenden und beherrschenden Identität. Der "Krieg von allen gegen alle"
entsteht gerade aus der vermeintlichen Gleichheit, die jedes je einzeln unter dem Gesetz seiner allgemeinen Bestimmtheit stehen läßt. Wie in der politischen Geschichte gilt
auch unter dem metaphysischen Prinzip der Identität der

Grundsatz: Divide et impera. Das Geteilte und Beherrschte aber gerät notwendig in Widerstreit zueinander. Die übergeordnete Allgemeinheit und Identität lassen das Verhältnis zwischen den gemeinsam subsumierten Einzelnen ein polemisches, durch Konkurrenz und Willen zur Herrschaft bestimmtes sein. Es ist, als wiederholten die zur Gleichheit Nivellierten zwanghaft die Herrschaft, der sie unterworfen werden.

Genauer befindet sich das substanzhafte Einzelne in vierfachem Sinne im Krieg miteinander, wobei unter Krieg allgemein der Versuch verstanden wird, das Andere unter die eigene Herrschaft zu zwingen. Der Mensch kämpft zum einen gegen die Natur - actio und reactio der Selbsterhaltung, die auf Unterwerfung und instrumentalisierende Ausbeutung fixiert ist. Zweitens kämpfen die Menschen gegen ihresgleichen, Einzelne gegen Einzelne und Gemeinschaften gegen Gemeinschaften, in politischen Kriegen, im Konkurrenzkampf, im wissenschaftlichen Streit, in der Erziehung, - Kampf um Macht, um Eigentum, um Anerkennung, um Durchsetzung von Zielen und Zwecken. Darüber hinaus liegt der Mensch drittens im Streit mit sich selbst - Folge seiner Vereinzelung und Unsicherheit. Und schließlich ist in diesem Gesamtzusammenhang auch die Natur, das Außermenschliche überhaupt, ein großer Kriegsschauplatz. Jede einzelne Substanz behauptet sich gegen jede andere; das Fressen und Gefressenwerden erstreckt sich bis in den Bereich des Anorganischen, ein Produkt verdrängt das andere.

"Die übrige Zeit nennt man Frieden", so lautet ein im

Grunde erschütternder Satz von Hobbes.[25] Die übrige Zeit -
gibt es die überhaupt? Der vierfache Kampf greift in vielfältiger Weise ineinander, die unterschiedlichen Momente
begründen und verstärken und ergänzen sich gegenseitig.
Jeweils liegt dem permanenten Kriegszustand die gleiche
zwiespältige metaphysische Ausgangslage zugrunde: einerseits die Nivellierung durch die Subsumtion unter dasselbe
Prinzip oder die Einordnung in dieselbe umfassende Welt-
ordnung; zum anderen die paradox damit einhergehende Iso-
lierung jedes Einzelnen als eines Selbständigen, der oder
das gezwungen ist, die heteronome Identität als Autonomie
zu erfahren, zu verwirklichen und zu verteidigen. Bei-
spielhaft möchte ich bei einer der genannten Kampfsituatio-
nen noch einen Augenblick verweilen, beim Streit des Einzelnen mit sich selbst.

Als Gegner stehen sich hier zumeist auf der einen Seite
das um Selbstbeherrschung und disziplinierte Zweckrationa-
lität kämpfende Ich und auf der anderen Seite alles, was
sich in ihm ihm in den Weg stellt, sein Naturhaftes, Trä-
ges oder in andere "unvernünftige" Richtungen Drängendes
gegenüber. Wir haben uns an die Behauptung gewöhnt, es ge-
be zwei Seelen in unserer Brust, und entsprechend daran,
ihren Streit miteinander in uns auszutragen.

Hier wird zudem ein Moment sichtbar, das auch in dem bisher Ausgeführten schon implizit enthalten war. In dem Strei
nämlich, in dem das Subjekt mit sich selbst zu liegen pfleg
übernimmt es selbst in seiner einen Seite und manchmal sogar auf unterschiedliche Weise auf beiden Seiten den Part

des Identifizierenden, Vernünftigen. Der heute wohl den
meisten in seiner ungeheuerlichen Absurdität einsehbare
Gedanke eines bellum iustum, eines gerechten Krieges,
hängt eng damit zusammen, daß die Krieg führenden Par-
teien - und seien es die des gegen sich selbst parteili-
chen Ich - vermeinen, die Vernunft, das Recht, die Wahrheit auf ihrer Seite zu haben und damit stellvertretend
auszuführen. Es sei nur hingewiesen auf das Phänomen der
als disziplinierende Unterwerfung verstandenen Erziehung.
"Disziplin unterwirft den Menschen den Gesetzen der Menschheit und fängt an, ihn den Zwang der Gesetze fühlen zu lassen."[26] Wo von Disziplinierung die Rede ist, ist vom angeblich vernünftigen Kampf die Rede. So versteht auch die
Selbstdisziplinierung, z.B. die Unterdrückung von Unlust,
Schmerzempfindung und Trauer, den Menschen als ein Schlacht-
feld, auf dem das durch seine Vernünftigkeit starke Ich,
sein durch den Geist geführter Wille, das schwächere Moment des Sinnlichen, Vielfältigen und Begrenzten in ihm be-
kämpft und unterwirft. Auch wo es nicht explizit um die
Entgegensetzung von Vernunft und Sinnlichkeit geht, ist
die Folge solcher grundsätzlichen Disziplinierungstendenz
ein steter Argwohn des Einzelnen sich selbst gegenüber, die
Unfähigkeit, sich selbst zu mögen, ja überhaupt etwas mit
sich anzufangen, sich selbst keine Hindernisse in den Weg
zu legen. Wie ein jeder Gegner im Krieg ist das Ich in
dauernder Hut vor sich selbst, stets bereit, Strategien zu
entwerfen, anzugreifen oder sich zu wehren. Noch einmal
kann an den angeführten Satz erinnert werden: "Die übrige

Zeit nennt man <u>Frieden</u>". Solange das abendländische Individuum unter dem Goetheschen Diktum steht: "Wer immer
strebend sich bemüht ...," solange bleibt keine "übrige
Zeit", keine Zeit des Friedens.

Der Begriff des Friedens hat somit eine gewisse Mehr-
deutigkeit. Der Frieden erscheint zunächst als die übergeordnete und tendenziell durchgängig bestimmende Einheit des vernunftgemäßen Seins, aus dem sich das Einzelne
herauslöst, indem es auf seiner Besonderheit beharrt und
sein eigenes Fürsichsein gegen jedes andere zur Geltung zu
bringen sucht. Die ausschließliche Betonung des im einzelnen noch so berechtigten Eigeninteresses führt mit innerer
Folgerichtigkeit zum Krieg. In diesem Eigeninteresse liegt
jedoch zugleich der Anspruch, nichts anderes als die Intention der Vernunft zu realisieren. Der Frieden wird damit selbst zur Ursache des Krieges, aber zu einer solchen, die sich der Krieg selbst als seine Rechtfertigung
voraus-setzt.

"Frieden" - aus der Perspektive des Interesses am jeweiligen Selbstsein ist das aber auch ein Wunschwort, das etwas verlegen macht und ratlos. Denn was wäre der Friedens-
zustand zwischen den isolierten Einzelnen anderes als
Friedhofsruhe und gleichgültiges Sich-zufrieden-Geben? Bedarf es nicht tatsächlich bewaffneter Zustände und wieder-
kehrender Angriffe, um, wie Kant sagt, "die Kräfte des ...
Subjekts immer rege zu erhalten und so auch die Absicht der
Natur zu kontinuierlicher Belebung desselben und Abwehrung
des Todesschlafs ... zu befördern"[27]? Ist der Kriegszustand

nicht notwendiges Korrektiv spannungsloser Identität? Der Frieden erscheint so nur noch als bloße Folie für das kriegerische Messen der Kräfte, für die Selbsterhaltung als Selbstbehauptung des einen gegen das Andere. Zwar behaupten diejenigen, die den Krieg führen, zumeist, es gehe in ihm um das Austragen und Ausräumen von Konflikten, um Prävention, Defensive oder Vergeltung, deren letztes Ziel die Herstellung oder Wiederherstellung eines befriedeten Zustandes wäre. Das Bestehen des substantiellen Nebeneinander von für sich seienden Einzelnen läßt jedoch höchstens ein vorübergehendes Gleichgewicht, eine Neutralisierung von Spannungen zu, aber kein wirkliches Miteinander, kein sich aus sich selbst entfaltendes Verhältnis. Insofern ist der Friede keine tatsächliche Alternative gegenüber dem Krieg, sondern sein notwendiges Korrelat. Si vis pacem, para bellum, - der Friedenswille erfüllt sich in der Bereitschaft für den Krieg, also in der Aufrüstung.

Es liegt an den ontologischen Voraussetzungen der Zeit, die die europäische Geschichtszeit ist, daß Krieg und Frieden sich zwar gegenseitig bedingen und in dieser Gegenseitigkeit beide reale Möglichkeiten sind und bleiben, daß aber die faktische Wirklichkeit der endlichen Menschen als Einzelner unter Einzelnen primär eine Wirklichkeit des Krieges ist, - wie ja auch in der Philosophiegeschichte der Krieg immer ein wichtigeres Thema war als der Frieden und der letztere zumeist als Negation des ersteren bestimmt wurde, nicht umgekehrt.

IV.

Was aber wäre ein Frieden, der sich nicht darin erschöpfte
Korrelat des Krieges zu sein, der aber auch kein überge-
ordneter Idealzustand apriorischer Befriedung wäre, im Sinne der Tilgung allen Eigensinns und aller Fremdartigkeit?
Grundsätzlicher und weiter zurückgehend gefragt: Wie lassen sich in einem verändernden Denken aus der kritischen
Situation der Gegenwart heraus die ontologischen Grundgege-
benheiten des menschlichen Weltverhaltens anders bestimmen
als in der uns überlieferten Weise, der Krieg und Frieden
als scheinbar naturgegebene Verhältnisformen zugehörten?
An dem traditionellen Zugang zur Wirklichkeit hatte ich
zwei Momente herausgestellt: die (parmenideische) Suche
nach einem Einen und Unangreifbaren, nach der umfassenden
und unerschütterlichen einen Wahrheit, und die (aristoteli-
sche) Substantialisierung und Verwesentlichung des selbständigen Seienden, des einzelnen, allen Bestimmungen maßgeblich zugrunde liegenden Dinges, das aber gerade umgekehrt seinen Seinswert darin hat, daß es einem allgemeinen
Art- und Gattungsgefüge ein- bzw. untergeordnet ist. So
ist es einzeln und allgemein zugleich, wobei seine Allgemeinheit das vernünftige Regulativ darstellt, dem es sich
in seiner Einzelheit beugt und gegen die es zugleich, als
Einzelnes und gegen andere Einzelne, aufbegehrt. Doch
selbst das Aufbegehren ist noch eine Unterwerfung, da es
in der Insistenz auf seiner Selbstheit und deren Erhaltung
den Anspruch vernünftiger Einheit, Einheitlichkeit und
Vereinheitlichung für sich selbst übernimmt und ihm in sich

selbst zur Herrschaft verhilft.

Ist ein anderes Weltverständnis für uns überhaupt denkbar?
Gehören die begründende Identität der umfassenden und über-
greifenden Vernunft und die selbständige und selbstbehaup-
tende Einzelheit des individuellen Selbst nicht unabdingbar
zu den Grundvoraussetzungen unseres Menschseins, sind sie
nicht unser - zumindest abendländisches - Schicksal?

Eine entscheidende Auszeichnung unserer Zeit ist es, daß
wir in ein bewußtes Verhältnis einerseits zu unserer Geschichte getreten sind, andererseits zu Geistesentwicklun-
gen und Weltverhältnissen, die außerhalb unseres eigenen
kulturellen Vorstellungskreises liegen, derart, daß die Al-
leinverbindlichkeit und einzige Möglichkeit unseres Weltzu-
gangs hinfällig geworden sind oder doch hinfällig zu werden begonnen haben. Das bedeutet auf der einen Seite sicherlich eine manchmal gefährliche Relativierung und Verflüs-
sigung aller gesicherten Standpunkte und z.B. Wertvorstel-
lungen. Es bedeutet andererseits aber auch die erstaunliche Chance, die eigenen Grundlagen und Selbstverständlich-
keiten in einem wörtlichen Sinne zurückzunehmen in das weite Feld sich wandelnder und stets sich umgestaltender
Selbstverständnisse des Menschen, die je anderen Konstellationen der Verhältnisse Mensch/Natur und Mensch/Mensch entsprechen. In solcher Zurücknahme könnten zugleich der lange Atem und der Mut entstehen für eine Veränderung der bisherigen kritikwürdigen Verhältnisse und für eine bewußt ge-
suchte und ergriffene Neueinstellung in der Beziehung des
Menschen zur Welt.

Es geht also gerade nicht darum, eine Utopie zu entwickeln,
eine Welt auszumalen, in der endlich Frieden und Einheit
herrschen sollen. Sondern es geht um eine konkrete Umwendung im Lebensgefühl und Weltverhalten jedes Einzelnen,
eine Umwendung, deren Bahnen und Drehpunkt in der Philosophie kritisch ausgedacht und vor- und nachgezeichnet werden können, weil die alten Denkstile und Lebensweisen
brüchig geworden sind und ihre vormalige Evidenz verloren
haben. Durch äußere Erfahrungen (z.B. ökologische Notwen-
digkeiten) und innere Evidenzen ist in den letzten Jahr-
zehnten oder auch nur Jahren die Selbstverständlichkeit
des überkommenen Selbstverständnisses in heilsame Bewegung
geraten. Es ist an der Zeit, daß das Philosophieren die
geschehenden Entwicklungen auf ihren Begriff zu bringen
und sie über sich zu verständigen sucht. Entscheidend zeigt
sich dabei, daß es die starre Gegenüberstellung von selbst-
behauptender Einzelheit und allgemeiner Vernunft ist, aus
der wir uns zu lösen beginnen. Krieg und Frieden könnten
dann der geschichtlichen Vergangenheit überlassen bleiben.
Durch das Denken einer möglich werdenden Veränderung in
die Hände spielen zu wollen, ist kein wie auch immer moti-
vierter Idealismus und Optimismus, sondern entspringt der
Einsicht in die reale Veränderbarkeit von Bewußtsein und
gesellschaftlichem Sein, wie sie auch an der bisherigen Geschichte ablesbar ist.

Das verändernd-veränderte Denken ist nach dem Gesagten
dadurch zu kennzeichnen, daß es die metaphysische Frage
nach einer bleibenden und allgemeinen Wahrheit nicht mehr

stellt, daß es sich einläßt auf die bunte Vielfalt des Wechselnden und Vergänglichen, des so oder so, so oder auch nicht so Seienden. Keine eine und vernünftige Allgemeinheit zu hypostasieren heißt zugleich, die isolierte Identität des auf sich fixierten Einzelnen aufzuheben. Die Negation beider bestimmender Prinzipien des bisherigen Denkens führt in dieselbe Richtung. Sowohl der verordnete Friede einer übergeordneten Wahrheit wie der generelle Kriegszustand aller Einzelnen untereinander verlieren in diesem grundsätzlich anderen Selbstverständnis der Menschen in der Welt ihren Sinn. Denn das Einzelne gilt jetzt nicht mehr nur als bloßes Beispiel für was auch immer, es wird nicht lediglich quantitativ verrechnet und genutzt, sondern es wird - auch und gerade im Gebrauch - in seiner qualitativen Jeweiligkeit und Eigentümlichkeit belassen. So aber ist es kein Isoliertes mehr; es begegnet in einer Welt und aus einer Welt, d.h. seine Eigenheit steht in Entsprechunngs- oder Widerspruchsverhältnissen zu Anderem, es ist in sich selbst verhältnishaft und erscheint und begibt sich aus mannigfaltigen Bezügen und Zusammenhängen. Auch wo es Einspruch erhebt, wo es sich absetzt oder Grenzen setzt, wo es widerständig ist und Widerstände erfährt, bleibt es einbezogen in ein Geflecht von Beziehungen und Verweisungen. Je nach dem Bewandtniszusammenhang erfährt oder erweist es sich als besonderes Moment, als Glied oder Teil oder auch als den Beziehungen gegenüber Anderes, Gegenüberstehendes, das ihnen gleichwohl, positiv oder negativ, zugehört.

Dieses sowohl Eigentümliche wie Verhältnishafte kann ein

Ding sein, aber auch ein Duft, ein Farbkontrast, eine Bewegung, ein Geschehen; es kann ein Mensch sein, aber auch
eine Sicht, ein Gefühl, ein Wollen, eine Beziehung, eine
Geschichte. Es vermag nur in Verhältnissen zu sein, weil
es ein je Andersartiges, Fremdes, ist, und es vermag nur
ein je fremdes Eigenes zu sein, weil es in vertrauten und
zuweilen auch unvertrauten Verhältnissen einen Ort hat.
Damit aber ist das allumfassende Prinzip der Selbsterhaltung fragwürdig, ja hinfällig geworden, das ja von der
Voraussetzung ausging, daß das Selbst als ein isoliertes
und eben darum bedrohtes einer feindlichen, wesenhaft von
ihm getrennten Gegenständlichkeit gegenübersteht, gegen
die es sich behaupten und erhalten muß.

Widerstand und Einspruch sind, um es zu wiederholen, dem
Miteinander nicht fremd. Die Konstellation von Andershei-
ten stellt keine prästabilisierte Harmonie dar. Ist aber
die Verhältnishaftigkeit nichts Nachträgliches und Akziden-
telles, so behalten auch jeder Bruch, jede schmerzende Kluft
jeder tatsächliche Widerstreit ihren Ort im Gewebe des Ganzen, in das sie, auch als Riß, eingefügt bleiben. Der Austrag gegensätzlicher Interessen oder Standpunkte ist hier
darum nicht mehr Krieg zu nennen. Denn das Eigeninteresse
wird nicht als _primäres_ Recht und Bedürfnis erfahren; es
geht nicht darum, das Eine gegenüber dem Anderen alternativ
zur Geltung zu bringen oder dem vermeintlich in dem Einen
repräsentierten Allgemeinen zur Durchsetzung gegenüber dem
Anderen zu verhelfen, sondern den für beide anerkennbaren
produktiven Kompromiß zu finden. Dieser Kompromiß, der be-

rühmte "dritte Weg", ist ein Anderes gegenüber den Anderen, auf das sie sich als auf ein gemeinsames Wagnis
einlassen.

V.

Krieg und Frieden im bisherigen Sinne lassen sich als
eine Differenz kennzeichnen, die aus der und gegen die
Identität entsteht. Die veränderte Selbstverständigung
geht von dem Zugleich von Anderssein und Verhältnis aus;
Krieg und Frieden verlieren darin ihre Funktion. Darum
scheint es mir, vom Standpunkt und den Möglichkeiten des
Denkens her gesehen, nicht lediglich darauf anzukommen,
der drohenden Gefahr von weiteren Kriegen eine Bewegung
des Friedens entgegenzuhalten, - die allerdings aus der
dringenden Notwendigkeit einer praktischen Verhinderung
des Krieges unabweisbar erforderlich ist. Ein künftiger
Krieg, obgleich er seinen metaphysischen Charakter voll
behielte, würde dadurch einen qualitativ neuen Charakter
gewinnen, daß die Selbsterhaltungstendenz sich in ihm
durch ihre unmittelbare Negation ad absurdum führen würde. Das Denken wird an der Verhinderung von Kriegen durch
Denken mitarbeiten müssen, es muß sich der Aufgabe stellen, die Kategorien selbst, in denen Krieg und Frieden
denkbar und wirklich wurden, umzudenken, also das Verhältnis des Menschen zu seiner Welt, zu sich und zu seinesglei-
chen neu zu entfalten.

Der neu gedachte Frieden unter den Menschen scheint zunächst das zu sein, was der Deutsche Idealismus mit dem

Prinzip der "Sittlichkeit" im Blick hatte. Hegel und
Fichte haben in diesem Zusammenhang von dem Verhältnis
gegenseitiger Anerkennung der Individuen gesprochen. Aber
diese Individuen sind substantielle Identitäten, die ihren
Widerstreit in der übergeordneten Identität des sittlichen
Geistes aufheben. Eben darum kann für Hegel umgekehrt der
Krieg "der Geist und die Form [sein], worin das wesentli-
che Moment der sittlichen Substanz ... in ihrer Wirklichkeit und Bewährung vorhanden ist."[28] Die gegenseitige Anerkennung hält die Einzelnen in ihrem isolierten Selbstsein
fest, um sie darin zugleich in der Weise aufeinander zu
beziehen, daß die Beziehung selbst ihnen gegenüber zu etwas Drittem, Höherem wird, dem sie sich in ihrer Einzelheit zum Opfer bringen. Die Konzeption eines auf der Verhältnishaftigkeit fußenden Miteinanderseins scheint dem
Anerkennungsansatz verwandt zu sein und meint und will
doch etwas ganz anderes. Die "Individuen", die zugleich
aus der solidarischen Vertrautheit und dem freilassenden
und sich frei wissenden Anderssein leben, brauchen ihr
Eigenes und ihr Eigentum nicht gegeneinander zu schützen
und zu bewähren, weil ein jeder und ein jegliches von vorn-
herein in einer solchen Beziehung zu dem Anderen steht,
daß beide sowohl zueinander wie auseinander gehalten werden, anders gesagt, daß ein Zwischenraum zwischen ihnen
offenbleibt, der zugleich ein Verhältnis stiftet wie auch
die so aufeinander Bezogenen in einer Spannung zueinander
beläßt; der Zwischenraum bleibt zwischen ihnen.
Das Verhältnis zwischen den aufeinander Bezogenen be-

steht also weder vor ihnen noch nach ihnen, sondern mit
ihnen. Es ergibt sich aber nicht nur, tritt auf, weil
sie auftreten, sondern es ist, weil sie sich zueinander verhalten, weil sie ihr Verhältnis wollen und vermögen. Eben darum können wir dieses Verhältnis mit dem
Wort "Frieden" bezeichnen, weil das Sich-zueinander-Ver-
halten ein gemeinsam gewolltes, übernommenes und verant-
wortetes ist. Vor allem einzelnen Versagen und Zurückbleiben, vor allem einzelnen Zu-viel- oder Zu-wenig-Wol-
len sind wir Menschen dann, wenn wir uns nicht mehr von
einer übergeordneten bleibenden Wahrheit her definieren,
sondern unsere je einzelne Endlichkeit übernehmen, wesentlich Menschen unter Menschen. Als Menschen sind wir
aufeinander zu und voneinander her. Indem wir uns selbst
wollen, wollen wir den Anderen, wollen wir unser Verhältnis. Als Menschen können wir darum unser Verhältnis, können wir den Frieden.

Versuchen wir das Wort "Frieden" ohne Verlegenheit zu
hören und auch ohne all die Trauer und Furcht und Wut, die
die gegenwärtige von Menschen verantwortete Situation im
Großen und im Kleinen in uns hervorrufen, versuchen wir
also, uns auf den möglichen philosophisch-kritischen Ge-
halt dieses Wortes einzulassen, so ist es, wie mir scheint
und wie ich im Vorigen zeigen wollte, aus seinem mehr oder
weniger dialektischen Gegensatz zum "Krieg" zu lösen.
Einerseits kann - trotz Heraklit und dem zweifellos anderen Klang, den die Rede vom πόλεμος als Vater und König
von allem bei ihm hat[29] - kann also oder soll nach den Er-

fahrungen dieses Jahrhunderts dem Wort "Krieg" kein neu-
es kritisch geändertes Bedeuten mehr übertragen werden.
Andererseits und vor allem aber besagte der Gegensatz
von Krieg und Frieden - die Einbindung des Friedensbegriffes in diesen Gegensatz -, daß der Friede immer noch
etwas wäre, was als Einheit gegen die Entzweiung, also
vor und nach und über dieser stünde. Die auf Vernunft und
Gesetz gegründete Einheit verbietet die qualitative, wesenhafte Zweiheit und Vielheit, nivelliert sie zur Einerleiheit und fördert, ja fordert eben damit die Entzweiung.
Die Gemeinsamkeit in der Verhältnishaftigkeit dagegen fußt
gerade auf dem Anderssein der Vielfältigen, die es in ihrer mannigfachen Beziehung zueinander hält. Nennen wir
diese All-gemeinheit "Frieden", so klingen darin Momente
der anfänglichen Wortbedeutung wieder, wie Freundschaft,
Schonung, Rücksicht.

Die Eigenheiten und Differenzen, das Erstaunliche und
Befremdliche des je Anderen bleiben in solchem Beziehungs-
raum gewahrt, weil sie so etwas wie Orte in diesem Raum
sind, anders gesagt, weil sie in das Geflecht, es mit aus-
machend, eingeflochten sind. Das besagt, daß die einzelnen Bedürfnisse, Ansprüche und Interessen, die miteinander
ins Spiel gebracht werden, nicht von monadischen Punkten
aus gegeneinander ins Feld geführt, sondern gewissermaßen
im Blick zurück aus der gemeinsamen Bezogenheit geäußert
werden. Den Streit und sein Strittiges auszutragen ist somit eine Sache des Friedens selbst, nämlich ein Ausschreiten seiner äußersten Spannungen, d.h. der größten inner-

halb seiner Nähe möglichen Entfernungen. Wo etwas in diesem Sinne strittig ist, geht es nicht um die Unterwerfung
und Beherrschung des Anderen, sondern um das Finden eines
gemeinsam möglichen Weges. Dieses Finden selbst ist der
Frieden, der Prozeß des Friedens. Die Widerständigkeit und
der Austrag von Spannungen drängen sich darum in der Erläuterung dieses Friedensbegriffes nicht zufällig immer wieder in den Vordergrund; sie zu nennen ist auch kein bloßes
Zugeständnis an die menschliche Unvollkommenheit. Wenn es
vielmehr darum geht, sich ohne Vorbehalt und Bedauern auf
die Endlichkeit und damit auf die Grenzen und Nichtigkei-
ten der Welt, die unsere Welt ist, einzulassen, so kann
es keine friedliche Einheit jenseits der Differenzen geben, sondern nur eine Einigung durch die Differenzen hindurch und in ihnen. Der Frieden, der als die Bewegung of-
fener, unabgeschlossener Verhältnishaftigkeit verstanden
wird, ist keine "übrige Zeit", sondern der je geschehende
Augenblick, sei es der Auseinandersetzung, sei es des Zu-
sammenstimmens.

"KÖRPER UND GEIST"
ALS MISSVERSTÄNDNIS

Leib, Leiblichkeit, Leibhaftigkeit - ist nicht uns, den
Kindern der Geschichte des Abendlandes, das in diesen
Worten Angesprochene - aus dem Grunde des Abendlandes her -
etwas Verschlossenes, ein Traum, der an unseren wachen Tag
nicht heranreichen darf? Vermögen wir es überhaupt, leibhaftig zu sein, unsere Leiblichkeit am eigenen Leibe zu
spüren? Zuweilen vielleicht, beim Tanz, im Meerwind, in
Eiseskälte, im Schmerz oder in der Begeisterung. Was dann
spricht, sind wir selbst, wir leibhaftig, nicht unser Körper und nicht unser Geist, vielmehr etwas, das, sinnhaft
und sinnlich zugleich, anderswo liegt als jene beiden und
das, wie ich meine, durch sie eher verdeckt und verborgen
wird. Mit dem Begriff "Leiblichkeit" ist etwas genannt,
was, trotz gewisser Durchbruchsversuche, dem Wissen und
dem Selbstverständnis unserer Tradition in ihren wichtigsten Ausformungen wesenhaft fremd geblieben ist. Wieder-
holt ist darauf hingewiesen worden, daß sich das Leibliche
und Konkrete, die sinnliche und bunte Wirklichkeit im Grau
der wissenschaftlichen Erkenntnis verflüchtige. Faust und

Feyerabend sind sich da mit vielen anderen, natürlich
auch mit mir, einig.

Allerdings - in der Betrachtung des Geistes in seinen
mannigfachen Erscheinungsweisen in Kunst, Literatur und
Geschichte, in allen Formen gesellschaftlicher Verfaßt-
heit des Menschen wird dem Rechnung getragen, daß der
Geist einen Körper braucht, das Stoffliche in der Kunst,
Laut- und Wortmaterial bis hin zu den Schreibutensilien
in der Literatur, die lebendigen Menschen mit ihren Interessen und Bedürfnissen in Geschichte und Gesellschaft.
Geist und Körper sind von vorneherein als ein Verhältnis
konzipiert; der Geist bedarf seines Anderen, um das zu
sein, was er ist, ein formendes und prägendes Prinzip,
eine beherrschende und alles durchdringende Macht, das
Gestaltende und Schöpferische schlechthin.

Es ist aber gerade nicht der auf den Geist ausgerich-
tete und von ihm bestimmte Körper, was im Blick steht,
wenn nach dem Verbleib der Leiblichkeit im abendländischen Denken gefragt wird. Und es kann keineswegs nur
darum gehen, das Verhältnis beider neu und sachgemäßer
zu bestimmen, etwa den Körper gegenüber dem Geist aufzu-
werten. Leib, Leiblichkeit und Leibhaftigkeit können, wie
ich meine, nur dann zu gelebten Momenten unseres Selbstverständnisses und Selbstverhaltens werden, wenn wir eine
Wendung der Blickrichtung vollziehen, durch die wir unter
anderem auch das Verhältnis von Geist und Körper, und d.h.
sie selbst, aus den Augen verlieren, es jedenfalls seine
Selbstverständlichkeit und Allgegenwart einbüßen lassen,

so daß es - höchstens - zu _einem_ Verhältnis unter anderen wird.

Im folgenden möchte ich einige Schritte in Richtung auf
diese Blickwendung tun. Zunächst werde ich kurz an die Bedeutung der Entgegensetzung von Körper und Geist in ihrem
Zusammenhang mit der Grundausrichtung des abendländischen
Denkens auf die allgemeine und einheitgebende _Vernunft_ erinnern und dabei die Selbstverständlichkeit jener Grundausrichtung in Frage stellen, indem ich sie als _Weltlosig-_
keit kritisiere. Damit ist das Thema für den zweiten Teil
vorgegeben, wo ich in einigen andeutenden Schritten zeigen
möchte, daß und wie ein welthaftes und leibhaftes Denken
sich jenseits der Trennung von Körper und Geist ansiedeln
kann, indem es auf die Eindeutigkeit einer vernunftbe-
herrschten Wirklichkeit verzichtet und sich auf die Nichthaftigkeit und wechselnde Zufälligkeit und Mannigfaltigkeit der Welt, wie sie ist, einläßt.

I.

Das Verhältnis von Körper und Geist hängt eng zusammen mit
der abendländischen Grundeinstellung, daß das Denken, Wissen und Erkennen ein Erfassen des Allgemeinen, Grundhaften
und Bleibenden in allem und hinter allem Besonderen, Zufälligen und Veränderlichen sei, einer Einstellung, die das
Schicksal des Abendlandes und seiner Geschichte bestimmt
hat, - vielleicht: das _bisherige_ Schicksal des Abendlandes.
Denn dieser Ansatz bedeutete die Entscheidung für die Einheit und das Prinzip, für die Vernunft und die Gesetzmäßig-

keit, für die Möglichkeit von τέχνη und ἐπιστήμη, damit
für die Wirklichkeit von Technik und Wissenschaft. Da aber
jede Entscheidung für etwas in irgendeiner Weise auch eine
Entscheidung gegen etwas ist, war die Wendung zur Frage
nach Gesetzmäßigkeit und Allgemeinheit eine Wendung gegen
die Vertrautheit mit Zufälligem und Einzelnem, sie war
eine Entscheidung für die Geschichte und gegen die Ge-
schichten, für die Rationalität und gegen den Mythos, für
die Vernunft und gegen die Welt, - für das Sein, gegen das
Zur-Welt-Kommen und das Sterben, gegen die Nähe und die
Ferne, gegen den Klang und die Stille, gegen die Besonderheit und das Anderssein, gegen die Leiblichkeit.

Hier ist nicht nur etwas vernachlässigt oder unterbewertet
worden, hier hat sich - beginnend mit dem Denken der Vorsokratiker - das Selbst- und Weltverständnis aus der Vielheit
und Buntheit der geschehenden Zusammenhänge und Verhältnisse herausgenommen und dem Bestehenden gegenübergestellt,
um es in einen einheitlichen Blick fassen und schließlich
unter seinen allgemeinen Begriff subsumieren und entsprechend einordnen und handhaben zu können. Diese Ein-deutig-
keit und Ein-seitigkeit ist aus der Sicht des abendländischen Denkens ein Gewinn, nämlich der der Überwindung von
ungeordneter Mannigfaltigkeit und Vergänglichkeit. Zu einem
Verfehlen wird er erst dann, wenn wir den Blick wenden und
die Gewichte anders verteilen, wenn uns nicht Einheitlichkeit und Gesetzmäßigkeit, vielmehr das Überraschende und
immer Andere, nicht das Gegenüber der Rationalität, sondern
das Ineinander und Miteinander der ungebundenen Erfahrung

und Phantasie anzuziehen und anzusprechen beginnen. Wenn
uns einfällt oder zufällt, daß die abendländische Weise
des In-der-Welt-seins, die sich dem Gebot der Naturbeherrschung durch Vernunft unterstellt und damit selbst die
Herrschaft angetreten hat, nur eine Weise des In-der-Welt-
seins, nur eine Möglichkeit von Mensch-sein ist, eine Möglichkeit, die, da sie einer spezifischen Einstellung und
Sicht entspricht, auch re-vidiert, d.h. neu gesehen werden
kann.

Der erste Schritt auf dem Weg der vorher genannten Blickwendung besteht darin, überhaupt erst die Revidierbarkeit
sichtbar werden zu lassen, d.h. bewußt zu machen, daß das,
was ist, nicht so ist, wie es ist, weil es so ist, sondern
weil es so geworden ist, und daß es so geworden ist, weil
es so gesehen, verstanden, behandelt worden ist. Es gibt
einen Körper - verkürzt idealistisch ausgedrückt -, weil
es einen Geist gibt; aber es gibt einen Geist, weil es das
an Vernunft und Wahrheit orientierte Denken gibt, und es
gibt dieses Denken, weil Menschen angefangen und fortgefah-
ren haben, so und nicht anders zu denken und sich dement-
sprechend zu verhalten. Das Verhältnis von Körper und Geist
ist ein gewordenes, ein revidierbares Verhältnis, nämlich
eine Differenz oder Unterscheidung, die erst einem Differen-
zieren und Unterscheiden entsprungen ist und die rückgängig
gemacht werden kann, wenn das zu ihr führende Interesse oder
Bedürfnis hinfällig wird. Wird aber das entsprechende Bedürfnis hinfällig, so braucht es keinen Beleg oder Aufweis
mehr für die Förderlichkeit oder Notwendigkeit einer Revi-

sion, - sie selbst hat dann begonnen zu geschehen.
In diesem Sinne neu zu sehen, heißt, Erfahrungen und
Sachverhalte ernst zu nehmen, als solche zu sehen und
anzusehen, von denen das traditionelle Denken seinen
Blick abgezogen, abstrahiert hatte: Kleines, Veränderli-
ches, Zuständliches, die mancherlei Bezüge und Geflechte,
die uns umgeben und in die wir hineingehören, ohne daß
unser Ort im wechselnden Gewebe vorbestimmt und gesichert
wäre und ohne daß das Begegnende sich zu einer vernünftigen Ordnung zusammenfügen müßte; das, was sich unseren
Sinnen darbietet, in das wir uns mit unseren Sinnen einlassen können, das Hörbare und Berührbare und Sichtbare,
das Erahnbare und Fühlbare.

All das damit Genannte ist zweifellos allgemein erfaß-
bar, es ist metrisierbar und quantifizierbar, es kann in-
strumentalisiert, verrechnet und zugerechnet werden, kau-
sale und andere Gesetzmäßigkeiten können an ihm exempli-
fiziert werden, die begriffliche Kategorialisierung hat
ein jegliches potentiell immer schon eingeholt und über-
holt. Gleichwohl spottet das Einmalige und Zufällige, das
vielfältig Bunte und Mehrdeutige jedes noch so engmaschiger
Begriffsnetzes. Anders gesagt: Es läßt sich nur so lange
einfangen und be-greifen, als der Blick vom einheitsuchen-
den und einheitgebenden Vernunftprinzip ausgeht; dann fügt
sich das mannigfach Einzelne in die Ordnung des Allgemeinen, es schießt in einem Raster zusammen wie in eine kri-
stalline Struktur. Und diese Struktur stimmt, das techni-
sche und wissenschaftliche, das instrumentell rationalisie-

rende Denken funktioniert. (Vielleicht könnte es sogar, nach mehr oder weniger weitreichenden Umorientierungen, mit den gegenwärtig auftretenden Brüchen und Rissen im System der Weltbewältigung fertig werden; vermutlich hat die allgemeine Vernunft noch umfassendere Möglichkeiten erfolgreicher Naturbeherrschung, als wir heute wissen.)

Wir können jedoch auch den Blick wenden und gewissermaßen von der anderen Seite her schauen, nicht mehr aus der naturbeherrschenden Perspektive der vernünftigen Allgemeinheit, sondern eingelassen in das bunte Spiel des Einzelnen und Besonderen, des sich je und je Ergebenden, Zusammentretenden und Auseinandertretenden, Konsonierenden und Dissonierenden, in das wir selbst mit hineingezogen sind, in dem wir mitspielen im Tun und Lassen.

Heidegger hat in "Sein und Zeit" für das menschliche Dasein den Begriff des In-der-Welt-seins geprägt. An ihm läßt sich die Änderung der Perspektive und Einstellung, auf die es mir hier ankommt, deutlich ablesen, wobei es in unserem Zusammenhang gleichgültig ist, wie weit wir damit den Heideggerschen Intentionen entsprechen und wie weit nicht. Wird das In-der-Welt-sein zur Grundbestimmung des Menschen, so besagt das negativ, daß sich der Mensch nicht mehr primär als das der Objektivität gegenüberstehende Subjekt begreift, das dazu aufgerufen ist, sich die Erde durch geistige und körperliche Arbeit - im Begreifen, Aneignen, Produzieren, Konsumieren - untertan zu machen. Vielmehr versteht er sich dann als Weltliches unter Weltlichem, als hineingehörig in Zusammenhänge, Spannungen, Beziehungen,

in die er zwar willentlich und wissentlich eingreifen kann,
derart aber, daß solches Eingreifen grundsätzlich in jene
Zusammenhänge selbst einbehalten bleibt, ein - nur wissen-
deres - Mitgehen ist.

Die abendländische Entscheidung für das Sein und die Vernunft kann demgegenüber als Schritt aus der Welt hinaus beschrieben werden, insofern mit ihr das menschliche Selbstverständnis seinen Standpunkt außerhalb des Weltzusammen-
hanges bezieht, um von dort her das Ganze in eine einheitli-
che Gesamtschau und demzufolge in den verfügenden Griff zu
bekommen. Den Menschen als In-der-Welt-sein zu verstehen
bedeutet insofern seine Rückführung in die Welt, damit die
Restituierung von Welt selbst. Denn "Welt" heißt hier soviel
wie "erfahrener Sinnzusammenhang", ein Ganzes aus Bezügen,
nicht die Summe aller möglichen Bestandstücke, sondern ein
geschehendes Ganzes, das je durch ein Verstehen bzw. durch
das Sich-miteinander-auf-etwas-Verstehen von Menschen als
ein sinnhaftes eröffnet und erschlossen ist. Erst durch das
menschliche In-der-Welt-sein ist Welt, weil nur im Verstehen und verständigen Handeln Sinn ist, weil, anders gesagt,
Welt erfahrene Welt ist.

Erfahrung, Sinn und Sinnzusammenhang, Welt - diese Worte
sind Anzeigen für ein Bild dessen, was ist, das, aus der
heutigen Sicht zumindest, der Konzeption des Seins- und
Vernunftdenkens entgegengesetzt ist. Von ihm her gesehen
ist - um es beuwßt überpointiert zu sagen - der Gedanke des
λόγος die Grundverfehlung des abendländischen Denkens. Daß
sich auch dieser Gedanke umdenken läßt, daß der λόγος etwa

in Richtung auf die Sprache gewendet zu werden vermag, steht dabei auf einem anderen Blatt. Der griechisch und nachfolgend metaphysisch gedachte λόγος jedenfalls bedeutet die Tendenz auf begründete Einheit, für ihn ist also die Welt immer schon auseinandergefallen in Mannigfaltiges und Eines, Bestimmbares und Bestimmung, Unberechenbares oder besser Unberechnetes und Gesetz, Körperliches und Geistiges. Wollen wir Heraklit Glauben schenken, so ist das jeweils Erste der hier angeführten und aller analogen Entgegensetzungen - also Mannigfaltiges, Bestimmbares usw. - selbst ein in sich Widersprüchliches, das eben um dieser immanenten Zwiespältigkeit willen auf das Andere, den λόγος in mehrfältiger Gestalt, verweist.

In der Konzeption des Gegensatzes von Geist und Körper kann der Gedanke des Körpers, geschichtlich gesehen, als ein Zugeständnis an die äußere Realität, an die Faktizität des Denkenden gefaßt werden. Umgekehrt können wir aber auch den Gedanken des Geistes als ein Zweites verstehen, nämlich als eine Art Kompensation angesichts der Erfahrung einer unerträglichen Widersprüchlichkeit im Körperlichen, besser: in der Natur und dem Naturhaften, insofern vom Körper erst nach seiner Entgegensetzung zum Geist, also nach der Trennung der Erfahrungswirklichkeit in Körper und Geist gesprochen werden kann. Diese Trennung aber legte sich nahe, als die Menschen anfingen, die unendliche Mannigfaltigkeit und Wechselhaftigkeit des sie Umgebenden wie die eigene Hinfälligkeit und Sterblichkeit als einen Mangel zu erfahren (wobei es in unserem Zusammenhang müßig ist, nach den mög-

lichen - klimatischen, geographischen, ethnologisch-kul-
turellen, ökonomischen, politischen - Gründen hierfür zu
forschen). Es ist die Sterblichkeit des Menschen, d.h. das
in seinem Sein immer schon beschlossene zukünftige Nichtsein, dem die reine und widerspruchslose Wahrheit des ein-
fachen Seinsdenkens kontrastiert wird, womit das Sein
selbst, die denkende Vernunft und die letztliche Identität
beider in die Welt gebracht ist. Die Endlichkeit, erfahren
als Widerspruch der Natur, gewissermaßen als Widernatürli-
ches in der Natürlichkeit selbst, läßt den Blick über sie
hinausgehen und nach einem Un-endlichen, Gegen-natürlichen,
nach einer gewissen und bleibenden Wahrheit fragen.[30] So
versucht das menschliche Selbstverständnis, auch in ihm
selbst neben der Seite des Begrenzten, Ungesicherten, Vergänglichen eine Seite des Unanfechtbaren, weil prinzipiell
der Sterblichkeit Enthobenen zu setzen. Als Träger aber
des vergänglichen Teils tritt der Körper auf, der hinfäl-
lige Leib mit seinen der Täuschung ausgesetzten Sinnen,
seinen drängenden Affekten, seinen ungezügelten Bedürfnissen und Empfindungen. Der Körper selbst ist, dieser abendländischen Einstellung zufolge, ein Defizit, ein Mangel-
haftes. Wo er schön und maßvoll ist, ist er vom Geist be-
seelt und geordnet und beherrscht; dieser kann, wenn auch
nur zeitweise, die Vergänglichkeit vergessen machen.[31]
   Ich sagte eben, am Anfang der Trennung von Geist und
Körper stehe die Mangelerfahrung der eigenen Existenz als
einer sterblichen. Stellt sich da nicht die Frage, ob denn
das eigene Sein anders als durch den Tod begrenzt, also mit

dem Mangel des grundsätzlichen und sicheren Nichtseinkön-
nens erfahren werden kann, also: ob hier eine Blickwendung,
die die Trennung von Körper und Geist dahinfallen läßt,
überhaupt denkbar ist? Eine solche Möglichkeit wäre nach
dem Gesagten ja nicht darin zu sehen, daß gegenüber der
Sterblichkeit des Körpers eine Unsterblichkeit der Seele
oder des Geistes hochgehalten würde, sondern allein darin,
daß die Sterblichkeit selbst nicht als Mangel, die Natur -
die äußere wie die innere - nicht als zu überwindende und
zu bändigende erfahren würden, grundsätzlicher gesagt: daß
nicht das ungetrübte Sein als positiver Wert, das Nichts
und alles Nichthafte als Mangel und Bedrohung gesetzt wäre.

Eine angemessene Erläuterung des Gemeinten bedürfte einer
langen Erörterung. Ich möchte hier nur einige Hinweise geben, indem ich den Blick auf den zum Sterblichsein des
Menschen komplementären Sachverhalte lenke, auf das Zur-Welt-
Kommen bzw. das Zur-Welt-gekommen-sein. Damit komme ich zu
dem zweiten Schritt meiner Überlegungen, dem Versuch, uns
von der scheinbar so selbstverständlichen Zweiheit von Körper und Geist zu lösen und zuzuschauen, wie sich die Welt
und das In-der-Welt-sein dann darstellen.

II.

Logisch gesehen, müßte eigentlich das Geborensein dieselbe
Nichtigkeit des Menschen anzeigen wie seine Sterblichkeit.
Der Bezeichnung "die Sterblichen" müßte die Bezeichnung
"die Geborenen" an die Seite gestellt werden können.[32] Fak-
tisch ist die Bewertung des Zur-Welt-Kommens aber gerade

entgegengesetzt zu der des Sterbens, weil das Ins-Sein-
Kommen und das Aus-dem-Sein-Gehen für das Sein des Men-
schen die entgegengesetzte Relevanz haben. Dem "glückli-
chen Ereignis" entspricht mit negativem Vorzeichen der
"Trauerfall". Gleichwohl sind das eine wie das andere
Grenzen zwischen Sein und Nichtsein oder Nichts.
Das Zur-Welt-Kommen oder Auf-die-Welt-Kommen ist ein
Kommen, somit eine Bewegung mit einem Wovonher und einem
Woraufhin, einem Herkunfts- und einem Ankunftsbereich. Der
letztere ist zweifellos die Welt. Wie aber steht es mit
der Herkunft? Das Besondere des Auf-die-Welt-Kommens ist,
daß es zwar - als Kommen - ebenfalls eine Herkunft hat, daß
diese aber eine Herkunft aus Nichts ist; es ist eine Bewegung, deren Anfang nicht zu bestimmen ist - denn in der
Bestimmtheit des Gegenwart gewordenen Daseins ist das Kommen ja bereits geschehen -; dennoch ist sie eine anfangen-
de, endliche Bewegung, eben eine Bewegung aus Nichts. Sie
ist ein Aufleuchten aus völligem Dunkel, ein Erklingen aus
ungebrochener Stille, ein Sich-Ergeben von Dichte aus gänz-
licher Leere, - wobei diese andeutenden Beschreibungen keine bloßen Umschreibungen, sondern Entsprechungen oder Wie-
derholungen aus anderen Bereichen sind. Genau besehen ist
das Anfangen, das Entstehen oder Erstehen so geheimnisvoll
oder sogar unheimlich wie das Aufhören und Vergehen, das
wir u.a. als Sterblichkeit unseres Leibes wissen. Wir kommen zur Welt, - woher kommen wir zur Welt? Wir sind und
waren nicht. Wir sind von Nichts her. Wie wir auf Nichts
hin sind. Wir kommen an und sind da und gehen. So erklingt

und verklingt der Ton, so erscheint und verscheint das
aufblitzende Licht, so ist etwas.

Die Erfahrung von Etwas aus Nichts - des Etwas, das wir
selbst sind, wie jedes anderen Etwas - ist keine absonder-
liche, gar nihilistische Anwandlung etwa in einer depres-
siven Phase. Vielmehr ist sie gegenwärtig in jedem Erstaunen, in jedem Wissen um ein Geheimnis, ja bereits in jedem wirklichen Sich-Einlassen auf ein Einzelnes und Dieses, in jedem offenen Begegnenlassen eines Anderen und
Eigentümlichen. Denn der noch so vertraute Umgang mit dem
als ein Eigenes anerkannten Anderen wahrt, eben wenn er
dessen Anderssein achtet, jenen Abstand und Zwischenraum
des Offenen und Nichthaften, der allein dem Anderen den
Raum seiner Entfaltung und zugleich beiden den Raum ihrer
Begegnung ermöglicht.

Allerdings - solche scheinbar alltäglichen Verhaltenswei-
sen wie das wirkliche Sich-Einlassen und das offene Begeg-
nen-Lassen sind heute schwierig und selten. Und dieses Heute ist ein schon lange andauerndes, dessen Beginn durch die
oben genannte frühgriechische Tendenz zu Einheit und Grund-
haftigkeit bestimmt ist, auch wenn es erst neuzeitlich, erst
mit der fast weltweiten Durchsetzung der abendländischen
Wissenschaft und Technik seine volle Bedeutung erreicht hat.
Schon jedoch in dem Versuch des Thales, ein Eines aufzuwei-
sen, das gewissermaßen die Verantwortung für das Werden und
Bestehen von allem tragen könnte, ist die unmittelbare Mit-
wisserschaft mit dem mannigfaltig Begegnenden in Frage gestellt, die Vertrautheit des Sich-Auskennens durchbrochen,

und die Richtung auf ein distanzierendes objektivieren-
des Sehen eingeschlagen. Das Wissenwollen des vorsokra-
tischen Denkens geht nicht nur auf eine neue Art des Er-
klärens gegenüber den mythologischen Weltauslegungen der
Frühzeit, sondern es ist überhaupt zum ersten Male in ent-
schiedenem Sinne auf Erklärung aus, wenn wir unter "Erklärung" das Klarmachen verstehen, das schließlich zu Descartes' "clare et distincte" führte, also das Herausnehmen
des zu Erkennenden aus seinen naturwüchsigen Bezügen und
Verweisungen, sein Hinausgestelltwerden in die klare und
kalte Luft der interesselosen Betrachtung.

Solch klares Feststellen des Objekts - durch allgemeine
Einordnung und vernünftige Ableitung - bewegt sich seiner
Tendenz nach in einer Sphäre des unantastbaren Seins, des
Faktums, der Gegebenheit, des "so und nicht anders". Eben
darum ist es ihm ja zu tun: eine Mauer des Seins aufzurich-
ten gegen alles durch Nichtsein, durch Zufall und Jeweiligkeit im Schweben Gehaltene. Es unternimmt den Versuch, Etwas nicht aus Nichts zu erfahren, dem uns Umgebenden seine
Erstaunlichkeit zu nehmen, kein Anderes mehr als ganz Anderes stehen zu lassen, jedes Geheimnis als ein aufzulösen-
des Rätsel anzusetzen.

Zunächst und über viele Jahrhunderte blieb diese Tendenz
beschränkt auf die philosophische und dann die beginnende
wissenschaftliche Auseinandersetzung mit der Welt, - die
damit, wie gesagt, aufgehört hatte, in strengem Sinne
"Welt" zu sein. Wie wir alle täglich erfahren können, ist
jener Denkstil jedoch immer mehr und fast vollständig zu

einem Lebensstil geworden. Beständigkeit, Sicherheit, Berechenbarkeit bestimmen unseren Umgang mit unserer Umwelt. Unser Wahrnehmen ist in dem Sinne selektiv, daß es fast nur Feststellbares und Festgestelltes, nur Eindeutiges und Erklärbares bzw. deren Defizienz in den Blick und ins Handlungsfeld kommen läßt. Ob wir es wollen oder nicht, wir sind weitgehend zu Tatsachenmenschen geworden, Tatsachenmenschen, die einen der Disziplinierung und Selbstbeherrschung zu unterwerfenden Körper und einen mehr oder weniger frei sich den Gegebenheiten anpassenden oder sie verwaltenden Geist haben. Die beständige Sicherung und Festlegung alles Seienden konnte nur gelingen, indem in ihm selbst die aufeinander verwiesen bleibende Differenz zwischen Positivität und Negativität, Bestimmendem und Bestimmbarem, Form und Materie, das heißt beim Menschen: Geist und Körper angesiedelt wurde. Trotz des einseitigen Vorrangs des je Ersten sind diese Differenzen so in sich geschlossen, daß sie dem Erfordernis eines gegen jede freie Nichtigkeit gewappneten Seins zu genügen vermögen. Es ist einleuchtend, daß demgegenüber ein wirkliches Sich-Einlassen auf Einzelnes und Eigentümliches oder ein offenes Begegnenlassen, Ankommenlassen, Sichbetreffen-Lassen als unverantwortliche Gefährdung, als ein nicht tragbares Risiko erscheinen müssen.

Die Erfahrung von Etwas und Nichts, auf die sich die auf Sein und Einheit verzichtende Blickwendung einläßt, versteht sich selbst wie das Begegnende als ein je und je Ankommendes, das als solches Kommende jeweils den Bereich

seiner Herkunft an sich trägt, also in gewissem Sinne
ein Nichthaftes bleibt, ein Ungewisses, Begrenztes,
Augenblickhaftes, im Gegensatz zur metaphysischen Be-
gründungstendenz gesagt: ein Unverantwortetes, nicht
Festgestelltes. Allerdings meint diese Nichthaftigkeit
keine radikale Vereinzelung, wie es zunächst den Anschein haben könnte. Das Auf-die-Welt-gekommen-sein bedeutet ein Hereinstehen in Bezüge und Verhältnisse, in
Verweisungen und Verstrebungen, eben in die Welt. Denn
diese Welt, zu der wir kommen, wenn wir auf ihr ankommen,
ist nicht einfach die Vorhandenheit, das Da-sein im wörtlichen Sinne, sondern jenes Gewebe von Bedeutungen und Beziehungen, Sinnzusammenhängen und Möglichkeiten, innerhalb
dessen wir uns zu dem entwickeln, was wir sein können.
Weil sie zur Welt gekommen sind, sind die Menschen erst
Menschen, insofern sie In-der-Welt-sein sind.

Darum können wir diese Formulierung - "In-der-Welt-sein"
auch (spielerisch) in zwei in ihr zusammenkommende Richtungen variieren, das In-die-Welt-sein und das Die-Welt-
sein. Die Menschen sind in die Welt hinein- oder hinaus-
gehalten ("geworfen", wie Heidegger sagt), sie sind Kommende und Zufällige; aus einem Bereich des Nichtseins heraus kommen sie zum Sein, sind sie dem Sein offen. Und indem sie so ankommen, lassen sie zugleich allererst Welt
geschehen, eröffnen sie Sein, ermöglichen sie Sinnhaftig-
keit und Verhältnishaftigkeit, sind sie die Welt, - nicht
so sehr im intransitiven, wie vielmehr im transitiven Sinne, "die Welt" nicht nur als Prädikatsnomen, sondern auch

als Objekt verstanden. Die Welthaftigkeit oder Weltlichkeit der Menschen ist zugleich welteröffnend, sinngebend.

"Sinngebung" ist hier allerdings ein leicht irreführen-
des Wort. Weil es die Suprematie des menschlichen Geistes
über die Körperwelt zurückzuholen scheint in Überlegungen,
die sich aus der Verstrickung von Körper und Geist gerade
hatten befreien wollen. Verstehen wir aber "sinngebend"
nicht als isolierte Vokabel, sondern aus dem Zusammenhang
des Zur-Welt-gekommen-seins, so ist damit anderes angesprochen. Denn sinngebend in der Weise des Geschehenlas-
sens von Welt können wir nur sein, weil wir selbst weltlich und d.h. auch sinnlich sind.

"Sinnlich" hat im Deutschen, wie in manchen anderen
Sprachen, diese merkwürdige Doppeldeutigkeit: "Sinnlich"
bezieht sich einerseits auf die - angeblich nur - fünf Sinne, auf die sinnliche Wahrnehmung, die Kant als Rezeptivität, also Aufnahmefähigkeit, bezeichnet. Und andererseits
verweisen "sinnlich" und "Sinnlichkeit" auf den sexuellen
Bereich, in dem das Aufnehmen noch einem anderen und anders
empfänglichen Sinn zuzugehören scheint. Zwischen beiden
und über sie hinaus erstreckt sich die Dimension einer Emp-
findsamkeit, Sensitivität und Sensibilität, die beide Arten
von "sinnlich" umfaßt und die, wie ich vermuten möchte, weitgehend das Menschsein überhaupt ausmacht. Entsprechend dem
Mißverständnis, das das Menschsein als durch den Dualis-
mus von Körper und Geist bestimmt ansieht, wurde seine Sinnlichkeit zum einen als Moment seiner Animalität, die ihn
mit dem bloßen Tiersein verbindet, angesetzt, zum anderen als

bloße Rezeptivität, als die Fähigkeit, sich durch äußere,
"sinnliche" Daten affizieren und bestimmen zu lassen.

Lange bevor das exakte Aufnehmen und Registrieren durch
die "sensibelsten" Meßinstrumente und -apparate technisch
möglich und für die verschiedensten Verrichtungen des mo-
dernen Alltags teilweise lebensnotwenig wurde, wurden die
Sinne als Rezeptionsorgane interpretiert, ich würde sagen:
falsch interpretiert, mißverstanden. Die sinnliche Wahrnehmung wurde als unmittelbares Erfassen genommen, wenn
nicht gar als distanzloses Abbilden dessen, was ist. Einerseits stand sie damit in großer Nähe zum Vernehmen der reinen Vernunft. Andererseits wurde sie zugleich der extreme
Gegenspieler der Vernunft, weil sie eben nur sinnlich ist,
d.h. nur das Übergängliche auf übergängliche Weise aufzu-
nehmen vermag. Voraussetzung und Ernötigung einer solchen
Auffassung ist die Überzeugung, daß die Gesamtheit des Seienden letztlich aus eindeutigen, für sich bestehenden, in
sich beständigen Wesenheiten besteht, einer gegebenen Men-
ge von Daten der in sich wahren Wirklichkeit, die durch
das menschliche Erfahren mehr oder weniger adaequat erfaßt
werden können, je nachdem wie weit es gelingt, durch die
sinnliche Außenansicht der mannigfaltigen, veränderlichen
Bestimmungen hindurchzudringen und den geistigen Blick auf
das eigentlich Wirkliche, Wesenhafte zu richten.

Ist uns aber jene Zweiteilung in Eigentliches und Unei-
gentliches, Wesenhaftes und bloß Erscheinungshaftes fragwürdig geworden, weil wir lernen, uns in einem Gewebe von
aufeinander bezogenem Einzelnen zu sehen, das nicht hier-

archisch in An-sich-seiendes und bloß Zukommendes geglie-
dert ist, sondern in dem ein Jegliches, jede Farbe, jeder
Duft, wie jedes Ding, jeder Gedanke ihr je Eigenes zu sagen haben und gehört werden können, - lernen wir also dieses Mitgehen und Zusammengehören von jedem Einzelnen mit
jedem Einzelnen, so wird unser Erfahren selbst ein anderes,
ein mitgehendes und aufmerkendes, für das der jeweilige
Sinn des uns Umgebenden und die Sinne, mit denen wir es
gewahren und ihm unsererseits entgegenkommen, unmittelbar
auf einander verwiesen sind und zueinander gehören. Gehen
wir von dem aus, wie wir tatsächlich in der Welt leben,
und nicht davon, wie wir sie überwinden und überschreiten
können, so zeigt sich, daß wir es nie und nirgends mit
bloßen sinnlichen Daten zu tun haben und daß wir ebensowenig zunächst bloß sinnlich wahrnehmen, um dann, durch An-
wendung eines geistigen Vermögens, die sinnlich wahrgenommenen Daten zu verarbeiten, zu bändigen, zu kontrollieren,
also auf diese oder jene Weise zu beherrschen. Die Herrschaft setzt einen Standpunkt außerhalb und oberhalb voraus, einen unteren Bereich des bloß Unmittelbaren und Be-
stimmbaren und einen oberen, von dem her jenes ergriffen
und begriffen wird. Sind wir aber In-der-Welt-sein, so sind
wir umgeben von weltlich Sinnhaftem, mit dem wir weltlich
sinnenhaft kommunizieren.

Der junge Marx sprach vom menschlichen Auge, von den
menschlichen Sinnen, die keine immer gleiche Ausstattung
des Menschen sind, sondern sich geschichtlich wandeln, je
nach der Weise, in der sich jeweils das Verhältnis von

Mensch und Natur gestaltet.[33] Wir wissen das ja von uns
selbst, daß wir zu verschiedenen Zeiten je anders sehen
oder hören und damit in der Tat Anderes sehen und hören,
daß die jeweilig gestimmte Weise unseres In-der-Welt-seins
dem Wahrgenommenen je einen anderen Sinn geben kann, andere Zusammenhänge entstehen läßt, andere Akzente setzt, eber
die Welt eine andere sein läßt.

Wir hören z.B. Geräusche, Töne, Klänge. Damit rezipieren
wir keine bloßen akustischen Daten als solche, sondern indem wir hören, hören wir Straßenlärm, Kindergeschrei, Vo-
gelgezwitscher, oder ein ungetrenntes Zusammen aus all dem,
auf das wir nicht mehr eigens hören und das doch als ein
Hintergrund oder ein weit Umfassendes da ist und jederzeit
in eine Vielzahl von Eigentümlichem entflochten werden kann
Das aufmerkende Hören, das Hinsehen, das Abtasten, sie sind
immer schon mit Sinn befaßt, sie lassen sich etwas sagen,
lassen sich ansprechen und sie gehen darauf ein, erwidern
und entgegnen, bezweifeln und lassen sich überzeugen usw.
Wo sollte hier das sinnlich Sinnhafte aufhören und der geistige Sinn anfangen? Wo wäre hier eine Grenze auszumachen
zwischen sinnlichem Stoff und geistiger Form? In dem Augenblick, wo man eine solche Trennung vornimmt, verläßt man
die Welt, mehr noch, zerstört man die Welt und das menschliche In-der-Welt-sein. Eine Welt- und Selbstzerstörung,
an die sich die abendländische Menschheit fast gewöhnt zu
haben schien, bis sie plötzlich die konkreten, unmittelbar
lebensbedrohenden Formen physischer und psychischer De-for-
mationen und Zerstörungsmöglichkeiten und -wirklichkeiten

wahrnahm, mit denen wir uns zunehmend konfrontiert sehen.[34]

Der Körper und der Geist, die wir gewohnt sind, einander entgegenzusetzen, sind vielmehr einseitige Abstraktionen, in denen sich ein Gemeinsames, das nie ganz nur das
eine oder nur das andere ist, verborgen hat. Auch wo wir
es scheinbar mit Aktivitäten eines reinen Geistes zu tun
haben, erweist sich dieses Geistige bei näherem Zusehen zumeist als mit Körperlich-Sinnlichem vollgesogen und aus ihm
erwachsen, obgleich diese Ausdrucksweise streng genommen
wieder unangemessen ist. Oder es handelt sich um tatsächliche, bewußt vollzogene Abstraktionen, die dann aber keinen eigenen Inhalt haben, sondern reine Form sind, formali-
sierte Inhaltlichkeit, die sicher nicht zu einer absoluten
Zweiteilung dessen, was ist, taugt, eher als eine seiner
spezifischen Spielarten angesehen werden kann. Das besagt
nicht, daß das "Geistige" geleugnet oder auf das Körperliche zurückgeführt werden sollte. Vielmehr kommt es darauf
an, jedem Idealismus oder Materialismus zum Trotz, die
grundlegende Einheitlichkeit der Bezughaftigkeit, in der
alles Einzelne steht und sich verhält, zu sehen. Zu diesem
Sehen bedarf es keiner besonderen Spiritualität und keiner
Erleuchtung, sondern der wachen Bewußtheit des In-der-Welt-
seins. Denn die genannte Einheitlichkeit ist ja nichts anderes als eben die Weltlichkeit oder Welthaftigkeit, der
die Menschen als Zur-Welt-Gekommene zugehören.

Als Zur-Welt-Gekommene und Sterbliche. Anfangen und Aufhören kennzeichnen wie das Leben so jede einzelne sinnliche

Wahrnehmung und wahrnehmende Besinnung. Sicher, wir er-
blicken dieses und jenes, dieses mit jenem, dieses nach
jenem. Wir hören einen Zusammenklang von Tönen, wir fühlen
das Gesamt einer Situation und ihrer Atmosphäre. Und doch,
trotz solcher durchgängigen Zusammenhänge und gerade in
ihnen schwingt jede Wahrnehmung im Nichts, hebt an und ver-
ebbt, trifft und tritt zurück, wird herausgehoben und zu-
rückgestellt. Dunkel, Stille und Empfindungsleere des
Schlafes sind nur greifbare Beispiele dafür, daß Anfangen
und Aufhören, daß das Sich-Ergeben von Etwas aus Nichts
jedem sinnlich-sinnhaften In-der-Welt-sein zugehören. Es
gab Völker, für die nicht die Nacht auf den Tag folgt, sondern jeder Tag aus dem Schoß der Nacht geboren wird.[35] Ta-
ge, die aus Nacht sind, Wahr-nehmungen, die keine bleibende Wahrheit, sondern Nichts zum Grunde liegen haben, Nähe,
die zwischen Fernen geschieht, Augenblicke und Zwischen-
räume, die sich zufallend ereignen, - fordern sie wirklich
zur Erhaltung, zur Sicherung, zur Beständigung heraus? Tun
sie es nicht, so fällt das ganze abendländische Gerüst mit
all seiner egoistischen Ernsthaftigkeit und all seiner ver-
bissenen Vernunft in sich zusammen. Ich denke, ohne seine
Schwerkraft leben und sterben, wissen und handeln wir
leichter und freundlicher.

ÜBERLEGUNGEN ZUR FRAGE
NACH EINER ETHIK

Vieles ist uns fragwürdig geworden. Fragwürdig auch, was
wir - philosophisch - fragen und sagen können. Doch machen
wir da seit längerem einen bemerkenswerten Unterschied. An
eine philosophische Durchdringung und Artikulation dessen,
was ist, der Wirklichkeit, der Welt, des Seins, wagen wir
uns kaum mehr heran; was die Philosophie zweitausend Jahre
in Atem gehalten hat, ist für uns "Metaphysik", die Frage
nach dem Einen, dem Grund, der Vernunft, scheint uns nicht
mehr fragbar. Stattdessen und gerade darum konzentrieren
wir uns auf den Menschen, also auf uns selbst, auf unser
Handeln, unser Sprechen, unsere materiellen, sozialen, geschichtlichen Verhältnisse und Bedingtheiten. Es gibt eine
Vielzahl von Versuchen der Grundlegung praktischer Philosophie und einer zeitgemäßen Ethik, der Reflexion auf das
alltägliche Sprechen, den wissenschaftlichen Diskurs, die
rationale Konfliktlösung usw. Das vage Unbehagen, das uns
ergreift, wenn wir z.B. auf das selbstgewisse, mit allum-
fassendem imperialistischem Anspruch auftretende System Hegels zurückblicken, scheint der Philosophie seit langem den

Weg zu einer Ontologie - im Sinne eines Fragens nach Eigen
art, Struktur, kategorialer Gliederung dessen, was ist -
zu nehmen und sie zu zwingen, sich auf τὰ ἀνθρώπινα,
das Menschliche überhaupt, zu beschränken. Wenn irgendwo -
so meint man - werden wir hier kompetent sein, und wir müs
sen es auch, wenn das Handeln nicht ein blindes, der Will-
kür und dem Belieben ausgeliefertes bleiben soll. Die Fragen "was kann ich wissen?" und "was darf ich hoffen?"
gingen auf ein Sein und verfielen der Skepsis gegenüber
dem bestimmenden Sein des Seienden und seiner Erkennbarkei
"Was soll ich tun?" - dieser Zweifel geht auf ein Handeln
und ruft bis heute die begründende Vernunft auf den Plan.

Mir scheint jedoch, daß jeder Versuch, so wie in der
philosophischen Tradition an der grundsätzlichen Getrennt-
heit von Ontologie und Ethik festzuhalten und die letztere
zugleich, "gegenwartsphilosophisch", für sich allein und
ausschließlich zu thematisieren, fehlgeht, und dies gerade
darum, weil er, ohne es zu reflektieren, wesentlichen Voraussetzungen des metaphysischen Denkansatzes verpflichtet
bleibt. Ethik ist die Theorie einer Begründung moralischen
Handelns. Als solche soll sie ohne Voraussetzung sein. Der
Anspruch auf Begründung setzt lediglich das Prinzip der
Aufklärung voraus, also eine Vernünftigkeit, eine vernünftige Allgemeinheit, auf die letztlich rekurriert werden muß
wenn die Möglichkeit eines rationalen Diskurses, einer vernünftigen Verantwortung im Sprechen und im Handeln gewährleistet sein soll. Wird jedoch eben diese fragwürdig, dann
erweist sich die Begründungsargumentation als nur schein-

bar voraussetzungslos, als zirkulär in sich selbst. Nur
wo die Vernunft als letztes Kriterium stehengelassen
wird, bleibt der Anspruch auf eine allgemeine Begründ-
barkeit moralischen Handelns unantastbar.

Das aber besagt, daß die Frage nach der Möglichkeit -
und nach der Notwendigkeit - von Ethik zurückführt auf
eine Besinnung auf die Grundannahmen, die wir hinsichtlich dessen, was ist und wie es ist, machen. Grundsätzlich läßt sie sich nur angehen, wenn wir bereit sind, unser Welt- und Selbstverständnis mit in das Fragen hinein-
zunehmen, wenn wir also den Mut haben, "ontologisch" zu
denken. Ich werde in einem ersten Teil dieser Überlegungen
einige Grundzüge und Grundvoraussetzungen traditioneller
Ethiken aufweisen, die weitgehend auch noch in der einen
oder anderen Form in zeitgenössischen Versuchen zur Ethik
leitend bleiben. Entscheidend für die weiteren Überlegungen ist, daß die Frage nach einer vernünftigen Begründung
moralischen Handelns und nach einem allgemeinen Kriterium
für die Unterscheidung von Gut und Böse auf dem nicht weiter befragten Selbstverständnis insbesondere des neuzeitlichen Menschen beruht, daß das vernünftige Subjekt einer
Welt von Objekten gegenübersteht, die es auf rationale Weise zu gestalten und zu beherrschen gelte. Im zweiten Teil
versuche ich, diese Voraussetzungen fragwürdig werden zu
lassen. Ist es denkbar, daß die Menschen sich selbst nicht
aus einer Stellung des Gegenüber zur Welt begreifen, sondern als In-der-Welt-sein, d.h. aus einem Miteinandersein
und einem Eingespieltsein in die Welt? Der letzte Teil möch-

te in einigen Strichen aufzeichnen, wie ein solches verändertes Selbstverständnis gedacht werden könnte und welche Fragen sich ihm stellen. Von "Ethik" ist dabei kaum
mehr die Rede.

I.

Im Gegensatz zur Theorie des Seins hat die Theorie des Handelns sich von ihren Anfängen an einen verändernden (also
nicht "rein theoretischen") Charakter zugesprochen. Wo die
Philosophie sich auf das menschliche Leben richtete - von
den Pythagoräern bis heute - verstand sie sich zumeist als
Belehrung zu einem guten und besseren Leben. Nur zwei Zi-
tate hierzu: "Da der vorliegende Behandlungsgegenstand
nicht wie die anderen eine Theorie zum Ziel hat (wir stellen diese Untersuchung ja nicht an, um zu wissen, was Tu-
gend ist, sondern damit wir gut werden ...), müssen wir
notwendig das untersuchen, was die Handlungen betrifft,
also, wie sie zu vollziehen sind."[36] "Bei allen anderen
Arten von Urteilen, den wissenschaftlichen z.B. und den
ästhetischen, kann das Problem ihrer Begründung als eine
rein akademische Angelegenheit angesehen werden. Nur mit
Bezug auf die Moral ist das Begründungsproblem eine Notwendigkeit des konkreten Lebens."[37]

Die philosophische Ethik ging zumeist davon aus, daß ihre
Gedanken über das Gute und das richtige Handeln für die
konkrete Entscheidungsfindung hilfreich und sogar notwendig sein können, weil sie das Kriterium des Entscheidens
herausarbeiten und begründen; abgekürzt gesagt, weil die

philosophische Ethik das Handeln begründet. Die Grundbestimmung des abendländischen Philosophierens überhaupt,
daß sie nach dem Grund und den Gründen dessen, was ist,
fragt, gilt also auch für die Ethik. In bezug auf das
Handeln aber ist dieser beigebrachte Grund in einem anderen Sinne als sonst "das Erste, wovonher etwas ist oder
wird oder erkannt wird"[38]. Denn dieses Erste wird nicht
nur aufgedeckt und erkannt, sondern es ist ein dem Handeln Aufgegebenes und Vorgesetztes in der Weise, daß dieses in der Sicht auf seinen Grund allererst sich selbst
setzt und vollbringt.

Die Begründung ethischen Handelns könnte zunächst auf
zweierlei Weise verstanden werden. Einmal so, daß deskrip-
tiv der Grund aufgezeigt wird, der dieses Handeln implizit
leitet, seine Motive, dasjenige, was es zu diesem bestimmten Handeln macht, etwa einem barmherzigen oder grausamen
oder gleichgültigen usw. Oder aber man geht davon aus, daß
das Handeln selbst begründungsbedürftig ist, daß es nach
einem Grund fragt, warum es so oder so handeln soll; die
Begründung kann dann, indem sie solche Gründe aufzeigt, dem
Handeln beispringen, ihm zu verantwortetem Tun verhelfen.
Nur in dem zweiten Fall unterscheidet sich die praktische
Theorie wesentlich von der theoretischen, deckt sie nicht
nur Gründe auf, sondern "liefert" sie Gründe. Im Folgenden
ist "Ethik" in diesem letzteren Sinne verstanden.

Ethisches Handeln, das nach Prinzipien oder Kriterien
seines Handelns fragt, versteht sich selbst als vernünftig.
Es will sowohl seine Zwecke wie den zu ihrer Erreichung

einzuschlagenden Weg verantworten, und zwar vernünftig
verantworten, - auch wenn der Grund selbst, der es so
handeln läßt, kein rationaler zu sein braucht, also etwa ein emotionaler Grund ist. Auch das Prinzip der Liebe
kann zur rationalen Begründung des ethischen Handelns
dienen ebenso wie das formale Prinzip des kantischen Sit-
tengesetzes oder das utilitaristisch-pragmatische Ver-
tragsprinzip des "was Du nicht willst, ...". Sich vernünftig zu verantworten heißt, die mannigfachen situati-
ven Umstände, Absichten, Motivationen usw., die in ein
bestimmtes Handeln mit eingehen, trotz dieser Mannigfaltigkeit unter ein gemeinsames, sie ordnendes und regeln-
des Eines als den übergeordneten Gesichtspunkt zu stellen,
der es auch möglich macht, über die Situationsgebunden-
heit und das Spezifische jeder einzelnen Handlung eines
Einzelnen hinaus einen Konsens über Bleibendes und so auch
einem allgemeinen Urteil Zugängliches herzustellen. Wie
das Bedürfnis nach intersubjektiv verläßlicher Verständigung über beständige Wahrheiten einen entscheidenden Anteil am Ansatz ontologischer Gründe haben dürfte, so
braucht auch ein verläßliches, keiner sophistischen Relativierung ausgesetztes Reden über richtiges Handeln allgemeine Kriterien, die als solche nachvollziehbar und wieder-
holbar sind. Nimmt der Einzelne dem gesellschaftlichen
Selbstverständnis nach an der Allgemeinheit primär in der
Weise rationaler Diskurse teil, so steht er hinsichtlich
seines Handelns in einer umfassenden rationalen Erklärungs-
pflicht, und dies nicht nur gegenüber den Anderen, sondern

zur Klärung seines eigenen Standpunktes, und das heißt,
seiner Identität - zumal gegenüber sich selbst.

Die besondere Identität des Einzelnen bestimmt sich,
dem Vernunftanspruch entsprechend, aus seiner Identität
mit dem Ganzen, der Allgemeinheit, die ihrerseits nichts
anderes als die vernünftige Identität aller ist. Da der
Einzelne aber in seinem Vernunftwesen nicht völlig auf-
geht, da er sowohl Vernunftwesen wie Naturwesen ist, muß
er, um dieses letztere zu erreichen, sich in ihm erkennen
zu können, den anderen Teil von sich, seine Natürlichkeit,
unter jenes bändigen. Vernünftig zu handeln heißt dement-
sprechend, dem natürlichen Eigenwillen Zügel anzulegen,
ihn beherrschen zu können. Selbstbeherrschung ist die erste Bedingung für die Befähigung zu einem ethisch richti-
gen Handeln, das sich als Handeln aus guten Gründen versteht. Der Grund des Handelns ist zugleich der Grund für
die Beherrschung dessen, was im Handelnden wesentlich nicht
allgemein und verallgemeinerbar ist, der leibhaften sinnlichen Individualität in einer bestimmten, unwiederholbaren
Situation. Bestünde im Menschen nicht die Trennung von Na-
turhaftem und Sinnlichem einerseits und Geistigem, Sinnhaftem andererseits, so brauchte es keinen Leitfaden und
kein Maß, mit deren Hilfe das eine das andere in seine
Schranken weisen bzw. in Dienst nehmen kann.

Daß aber der Mensch als gespalten in einen natürlich
triebhaften und einen darüber sich erhebenden vernünftigen Teil angesetzt wird, impliziert auch, daß in ihm ein
dem Eigeninteresse entsprechender Individual- oder Parti-

kularwille im Widerstreit liegt mit einem dem Ganzen ver-
pflichteten Universalwillen. Aufgrund seiner natürlichen
Eigenart, seiner spezifischen Lebensgeschichte mit ihren
unverwechselbaren Erfahrungen, seiner räumlichen, zeitlichen und eigenschaftlichen Einzelheit also, ist ein jeder
zunächst und vor allem ein Individuum, das erst in zweiter
Linie in Familien, Gruppen, Gesellschaftszusammenhänge
hineingehört. Entsprechend betrifft sein Empfinden und Erfahren, sein Wissen und Wollen in erster und fast aus-
schließlicher Weise ihn als einen Einzelnen, unbeschadet
der mannigfachen Weisen und Möglichkeiten des Kontakts und
des Austauschs mit anderen. Auch dies nämlich heißt Aufklärung: Die Herauslösung des Individuums aus gemeinsamen
Überzeugungen und seiner Einzelheit vorgängigen Gemeinsamkeiten, die es auf seine eigene Mündigkeit und Verantwortung verweist.

Allerdings gehört mit dieser emanzipatorischen Vereinzelung des seiner selbst gewissen Subjekts die genannte Identität mit und in der vernünftigen Allgemeinheit sehr eng
zusammen. Indem der Einzelne den gesellschaftlichen Zusammenhang gemeinsamer Überzeugungen und traditionalistischer
Gruppenverständnisse verläßt, überantwortet er sich dem
monologischen Zusammenhang der für jeden Einzelnen in glei-
cher Weise geltenden allgemeinen Vernunft. Eben sie garan-
tiert ihm die Möglichkeit seiner individuellen Mündigkeit.

Entsprechend ist die ethische Problematik der Aufklärung
wesentlich eine individualistische und universalistische
zugleich. Jeder Einzelne versucht wissentlich und willent-

lich für sich das allgemeine Gute zu übernehmen, ein Allgemeines, das für alle sinnlich erfüllte Inhaltlichkeit
richtungweisend sein soll. Wo praktische Einsicht und ge-
sunder, affektiv-emotional fundierter Menschenverstand des
Einzelnen ins Spiel kommen, da übernehmen sie eine Ver-
mittlungsfunktion, indem sie das Natürlich-Eigene besänf-
tigen, überreden, sublimieren oder unterdrücken. Sich unter Bedingungen der Aufklärung zu stellen bedeutet Befreiung von bloßer Individualität, nämlich Befreiung von einem
selbstverantworteten allgemein-vernünftigen Verhalten. Das
Ausgangsmodell setzt also ein affektiv bestimmtes, von
faktischen Gegebenheiten eingeengtes und beschränktes in-
dividuelles Subjekt, das in die Welt jener gegebenen Situation hinaushandelt und dabei versucht, diejenige praktische Einstellung, die ihm sein Vernunftwesen nahelegt,
zu realisieren. Diese vernünftige Realisierung ist per de-
finitionem "moralisch".

Das Modell ist jedoch so noch einseitig angesetzt. Es
trägt einer wesentlichen Doppelung unseres gewöhnlichen
gegenwärtigen Selbstverständnisses keine Rechnung, einer
Doppeldeutigkeit, die den Optimismus der moralischen Vernunft in Zweifel ziehen kann. Wir wissen uns zwar einerseits als die entwerfenden und produzierenden, "hinaus-
handelnden" Subjekte, die die Welt und die Dinge nach ihren Vorstellungen einrichten und verändern, aufteilen,
vernichten und reproduzieren können und sollen. Daß unsere
Umgebung heute eine fast durch und durch menschlich ge-
machte Welt ist, in deren Aufriß selbst das bislang Uner-

forschte, Unbetretene und Undurchschaute schon seinen
potentiellen Platz hat, erscheint uns als Folge und -
trotz aller Fragwürdigkeit mancher Ergebnisse im einzelnen - als Erfüllung dessen, was Menschsein überhaupt
ausmacht und was verkürzt zusammengefaßt werden kann in
der Bestimmung: Beherrschung der Natur durch Vernunft.
Wir verstehen uns und haben uns - zumindest im Verlauf
des abendländischen Geschichtsgangs - bewiesen als Bau-
meister einer menschengemäßen Welt (wobei wir einmal die
makabre Selbstironie, die heute in diesem "menschengemäß"
mitgehört werden könnte, beiseite lassen wollen).

Auf der anderen Seite aber - und vermutlich ist dies
in besonderer Weise ein Kennzeichen der Gegenwart - fühlen und erfahren wir uns in einem zuweilen erdrückenden
Maße als bestimmt durch das, was wir "die Verhältnisse"
nennen. Die Verhältnisse, das System, das Reich der Notwendigkeit, - wir erfahren überall Widerstände, stoßen an
Grenzen, treffen auf Gegebenheiten, die nun einmal so
sind, wie sie sind. "Doch die Verhältnisse, sie sind
nicht so", nämlich nicht so, wie sie unserem freien Ver-
fügenwollen und unseren Wünschen, z.B. nach einem eigenen
Gutseinkönnen, entsprechen würden, sondern eben so, wie
sie nun einmal sind.

Schauen wir genauer zu, so sind diese Verhältnisse und
Gegebenheiten allerdings zumeist gerade nicht die soge-
nannten Naturnotwendigkeiten, Schnee und Regen oder
Trockenheit, der Wechsel von Tag und Nacht, Überflutun-
gen, steiniger Boden oder auch Krankheit, Alter und Tod.

Vielmehr handelt es sich zumeist um eine Wirklichkeit, die wir, wir Menschen, selbst gemacht haben. Was dem vernünftigen Reich der Zwecke entgegensteht, ist selbst ein Reich von menschlichen Zwecken: Die Dialektik der Aufklärung greift. So realisierbar über zwei Jahrtausende hin die Aufgabe einer schrittweisen, vernünftigen Bearbeitung der Natur schien, so im schlechten Sinne utopisch scheint eine vernünftige Einrichtung der menschlichen Verhältnisse selbst zu sein, die sich vielmehr dem einzel-menschlichen Wollen gegenüber verselbständigen und ihm als Grenze, Widerstand und Sachzwang entgegentreten. Die Verhältnisse, die "nicht so sind", haben ihre Resistenz und ihre eigene Mächtigkeit eben daraus, daß sie selbst menschliche Verhältnisse sind.

Die genannte Grenze, die Ohnmacht des menschlichen Subjekts, rührt also nicht einfach daher, daß wir nun einmal endliche Wesen sind, die, wie oben gesagt, in ihrer natürlich-sinnlichen Inhaltlichkeit eine Beschränkung ihrer vernünftigen Allgemeinheit erfahren. Es liegt vielmehr an der Eigenart der bestimmten Weise, wie wir in unserer Geschichte gelernt haben, unsere menschlichen Verhältnisse vernünftig zu gestalten und einzurichten, wie wir gelernt haben, uns gegenüber der Welt als vernünftige Wesen zu verhalten, es liegt an dieser Eigenart unseres Welt- und Selbstverständnisses, daß wir Macht und Ohnmacht des Subjekts notwendig zugleich erfahren, daß beide nicht einfach nebeneinander stehen, sondern daß das eine notwendig aus dem anderen folgt und umgekehrt. Was uns beflügelt und was uns

lähmt, verdankt sich letztlich demselben, nämlich der
Haltung des sich herausstellenden Gegenüber, der Getrennt-
heit von Begreifen und Handeln auf der einen Seite und von
Material und Produkt der geistigen und konkreten Bearbeitung auf der anderen Seite, also der grundsätzlichen Differenz von Subjekt und Objekt.

Die Vernunft, wie sie in unserer bisherigen Denkgeschichte im wesentlichen und immer eindeutiger verstanden wurde,
definiert sich aus dem Gegensatz zum Nichtvernünftigen,
Sinnlichen, zum Mannigfachen und Vergänglichen. Sie impliziert und fordert damit den Anspruch einer Ordnung und
Gliederung, einer Formung und Gestaltung des ihr Gegenüberstehenden. (Im Eidos-Gedanken des Aristoteles ist diese Tendenz vielleicht am deutlichsten greifbar.) Sie erhebt den Anspruch, _die_ Allgemeinheit des Einzelnen zu
sein, das ihr also in der Weise gegenübersteht, daß es unter ihr steht, von ihr beherrscht wird. In der Differenz
von Beherrschendem und Beherrschtem ist die Trennung von
Subjekt und Objekt angelegt und vollendet. Von hier aus
gesehen ist die Ethik die Lehre von der Begründung ver-
nunftgemäßer Herrschaft, anders gesagt: von der Begründung einer solchen Gestaltung des Gegenüber von Subjekt
und Objekt, daß in ihm das Subjektsein des Subjekts, und
das heißt, seine individualistisch-universalistische, vernünftige Allgemeinheit sich zu realisieren vermag.

Damit deutet sich an, daß die Frage nach der Ethik
selbst eine, im weiteren Sinne verstanden, "ethische" Frage sein könnte. Denn Sinn oder Sinnlosigkeit einer philo-

sophischen Ethik heute entscheiden sich, wenn wir dem bisher Gesagten zustimmen, danach, ob die Diagnose jenes grundsätzlichen Gegenüber von Subjekt und Objekt eine anthropologische Konstante beschreibt, ob also unser Verhalten in der Tat immer ein Verhalten <u>zur</u> Welt, ein Handeln <u>in</u> die zu erobernde Zukunft, ein Unterwerfen und Inbesitznehmen von Möglichkeiten sein muß. Wenn es sich so verhält, dann stellt sich in der Tat immer neu die Frage nach dem rechten Weg des Entwerfens, Planens und Produzierens, eine Frage, vor der die Vernunft zwar immer erneut scheitern könnte, die sie jedoch unbeirrt immer neu zu stellen versuchte.

Aber nehmen wir einmal an, wir wären gar nicht so, müßten jedenfalls nicht so sein, wie wir es in unserer gemeinsamen Geschichte und jeder Einzelne in seiner Sozialisation gelernt und erfahren haben. Ich meine, dies sei die entscheidende Frage, die heute gestellt werden muß und vielleicht heute erstmals gestellt werden kann. Wenn wir nicht so sein müssen, wie wir geworden sind, dann ergibt sich die Frage, ob wir so sein wollen, wie wir sind. Wie angedeutet, ließe sich diese Frage in gewissem Sinne selbst als "ethische" Frage bezeichnen, - obgleich "Ethik" dann nicht mehr den Sinn einer Begründungslehre moralischen Handelns haben könnte.

II.

Wissen hat, so meine ich, wo und in welcher Gestalt es auch immer auftritt, einen entscheidenden Anteil an der Weltwer-

dung, d.h. an dem wechselseitigen Prozeß von Wirklichkeit
und Verstehen, der das Gerüst und die ausfüllende Inhaltlichkeit dessen entstehen bzw. sich je und je weiterbil-
den läßt, was wir unsere Welt nennen. Die Welt bietet
sich unseren Augen so dar, wie wir sie vernehmen, und wir
vernehmen sie so, wie sie sich unseren Augen darbietet.
Diese Einsicht, die, wenn auch noch in der Einseitigkeit
einer anfänglichen Erkenntnis, bei Kant sich durchzuset-
zen begann und die in der nachidealistischen Zeit bis heute in verschiedenen Denkrichtungen zunehmend an Evidenz ge-
wonnen hat, läßt sich ebensowenig beweisen wie jedes andere grundsätzliche Weltverständnis. Doch da, wo weder Idealismus noch Positivismus mehr Glaubwürdigkeit für sich be-
anspruchen können, mag es plausibel erscheinen, daß die Welt
in der wir leben, und die Dinge, mit denen wir umgehen, jeweils als geschichtliche Schnittpunkte und Sedimente eben
dieses Lebens und Umgehens verstehbar sind.

Wenn wir nicht Zuschauer in einer an sich seienden, uns
gegenüber liegenden Wirklichkeit sind, wenn wir diese vielmehr zwischen uns, durch uns und für uns entstehen lassen,
dann liegt es mit an uns, wie wir sie sein lassen, und wie
wir als Menschen uns in ihr aufhalten und verhalten. Dann
kann es an uns sein, zu sehen und ernstzunehmen, daß das
Weltverhältnis einer grundsätzlichen Trennung von Subjektivität und Objektivität einen Weltzustand hervorgebracht hat
den wir nicht wollen. Der Mensch, der als Subjekt der Welt
gegenübersteht und sie in immer erneuten Versuchen einzuneh-
men und zu beherrschen bestrebt ist, könnte an einen Punkt

gelangt sein, wo er gerade aufgrund seiner Subjektivität
und Individualität Einblick gewinnt darein, daß diese
Position des Gegenüber ihn selbst vereinsamt, verarmt und
leidend macht, die ausgebeutete und auf Qualitäten redu-
zierte Welt um ihn herum kalt und unbewohnbar werden läßt,
derart, daß das Verhältnis des distanzierten Gegenüber sich
als das Verhältnis einer verhängnisvollen Weltlosigkeit
zeigt.

Methodisch gesehen handelt es sich hier um zwei verschie-
dene Erkenntnisschritte. Zum einen die aus der neuzeitlichen
Subjektivität erwachsende und über sie hinausführende Einsicht in das konstitutive Wechselspiel von Welt und Verstehen. Zum anderen die kritische Bestimmung des geschichtlich
gewordenen Weltverhältnisses als eines der Weltlosigkeit,
und das heißt ja unmittelbar, das Bewußtsein davon, daß jenes Verhältnis ein anderes sein könnte, nicht mehr ein Verhältnis zur Welt, sondern ein Verhalten in der Welt, nicht
mehr ein Verhältnis des Gegenüber, sondern des Ineinander
und Miteinander, damit eben jenes Wechselspiels von Welt
und Verstehen. Inhaltlich ist beides kaum voneinander zu
trennen; die Einsicht in das geschichtliche Gewordensein
dessen, was ist, gibt in einem den Blick frei auf die Fragwürdigkeit des Gegenüber von Subjekt und Objekt und darin
auf die Möglichkeit eines Anderen.

Ersichtlich kann die hier gemeinte Blickwendung im Unterschied zu aller Theorie der Tradition nicht mehr ein inter-
esseloses, aufnehmend-analysierendes Hinsehen sein, da sie
sich selbst wie alles Denken als wesentlich verändernd er-

kannt hat. Übernimmt das Denken aber ausdrücklich die Veränderung, die es in seiner Weltauseinandersetzung in Gang
hält, so ist es seinem Wesen nach auch ein Wollen und ein
Handeln. Dieses Denken sagt, wie es ist, - "es", das ist
die Welt, die Wirklichkeit, die Menschen und die Dinge
und die Verhältnisse, in denen sie zueinander stehen. Indem das Denken aber sagt, wie es ist, sagt es zugleich, wie
es sein soll, wie es, das Denken, das Sein will. Nicht im
Sinne einer erträumten Utopie, sondern als eine Analyse
dessen, was ist, die ihr Gesehenes anders ins Bild rückt
als bisher, dadurch, daß sie es aus der Zweiheit des Gegenüber von Subjekt und Objekt heraus- und in die Allgemein-
samkeit eines Geschehens von Welt einrückt.

Ist aber die Rede von einer Blickwendung und einer bewuß-
ten Änderung der Sichtweise nicht allzu abstrakt und "theoretisch"? Die materiellen Verhältnisse, in denen wir leben
die Bedingungen, unter denen wir arbeiten, - sind sie etwa
durch eine Blickwendung zu verändern, soll, was in Revolu-
tionen nicht zu erstreiten war, durch ein bloßes Umdenken
möglich werden? Ist es nicht vielmehr doch so, daß unsere
Gegenwart - und im Grunde jede Gegenwart, die wir uns heute vorstellen können - verstellt ist von Barrieren und Zwän-
gen und von materiellen Gegebenheiten, die jede Veränderung
zum wirklich Besseren in eine ferne und letztlich nie er-
reichbare Zukunft verlegen? Der Welt nicht mehr gegenüber
zu stehen und sie damit zum bloßen Objekt zu degradieren,
vielmehr aus ihrer Mitte heraus mitzugehen und sich einzulassen auf Fremdes und Vertrautes, ist das in _dieser_ Welt

überhaupt möglich? Handelt es sich hier nicht um einen
Appell an Wesentlichkeit und Eigentlichkeit, der das Be-
stehende eher verfestigt und stützt, weil er es als be-
stehend anerkennt und stehen läßt?

Diese Fragen gehen jedoch in ungebrochener Selbstverständlichkeit immer noch davon aus, die Welt und die Verhältnisse seien, was sie sind, ohne unser Uns-Verhalten
zu ihnen, ohne daß sich erst im Umgehen mit ihnen ihr Ort,
ihre Farbe, ihr Sinn ergeben würden. Gelänge es, diese
Einstellung aufzugeben bzw. zu verwandeln, dann gäbe es
zwar die materiellen und physischen Grenzen - Betonstädte,
Arbeitslosigkeit, Krankheit, Verlassenwerden -, aber sie
sprächen anders zu uns und wir zu ihnen, wir vermöchten anders mit ihnen umzugehen und sie so teilweise auch "tatsächlich" zu verändern. Ich glaube, die eigentliche Schwie-
rigkeit liegt nicht in der Widerständigkeit und Selbständig-
keit dessen, was nun einmal so ist, wie es ist - es ist eben
nicht nur so -, sondern darin, daß diese Blickwendung nur
gemeinsam zu vollziehen ist, daß der Raum des sich gegen-
seitigen verändernden Wechselspiels von Welt und In-der-Welt-
sein nur ein zwischen uns, uns Menschen, ausgespannter, ein
im Sprechen und Handeln vom Einen zum Anderen durchgangener
Raum sein kann. Darum ist die Rede von einer Blickwendung
auch zugleich mißverständlich, insofern sie einen "priva-
ten" Vorgang auszudrücken scheint. Aber unsere Blicke müssen sich begegnen, um Blicke zu sein, die etwas sehen und
verstehen, sie müssen getauscht werden, sich suchen und
finden und einverständig werden. Erst so schaffen sie Raum,

eine Offenheit, in der Nähe und Ferne, Bestürzendes,
Widriges wie Beglückendes Platz greifen können, in der
also und als die eine Welt sein kann.

Darum vor allem, weil wir nicht nur das eigene Anders-
sehen erst lernen und einüben, sondern auch den Blick des
Anderen und der Anderen erst suchen, ist die Blickwendung
ein Versuch oder ein Weg, der offen bleibt. Aber darum auch
ist sie keine Utopie, nicht das Bild eines hier und heute
gar nicht zu realisierenden "guten Lebens aller". Wenn wir
sind, als was wir uns wissen und als was und wie wir uns
verhalten, auch wo wir nicht von uns wissen, und wenn, was
um uns herum ist, nur das und so sein kann, als was und wie
es bei uns ankommen - mit Heidegger gesagt: uns anwesen -
kann, dann müssen wir gemeinsam - aber ein Gespräch beginnt
immer, indem Einer zu sprechen anfängt - ein Sich-Verändern
von Welt in Gang bringen können.

Außerdem: wir sind in der Welt. Worum es in der Blickwendung geht, ist nicht das Einholen eines fernen Zieles, sondern die Besinnung auf unseren Aufenthalt auf der Erde und
unter dem Himmel, in Nähe und Ferne, Enge und Weite, Dauer
und Wandel, auch wenn dieser Aufenthalt heute kaum mehr als
solcher erfahren, vielmehr als Punkt in einem metrisierbare
System mißverstanden wird, also erst auf sich selbst zurück
gebogen werden muß. Heidegger spricht häufig davon, daß die
Menschen erst und nur dahin gelangen sollten, wo sie schon
sind.[39] Ich möchte das in diesem Sinne verstehen, daß wir
unser Sein und Miteinandersein als das wahrnehmen könnten,
was es auf Grund von Instrumentalisierung, Rationalisierung

und Funktionalisierung <u>nicht ist</u> und was es als In-der-
Welt-sein zwischen Geborenwerden und Sterben, unter Menschen und unter Dingen zugleich doch auch <u>ist</u>. Der Anspruch, der von diesem "ist" an jenes "nicht ist" gestellt
wird, kann als ein Sollen bezeichnet werden. Aber dieses
Sollen hat nicht den Charakter einer moralischen Maxime,
sondern eines Wollens in dem früher genannten Sinne. Es
ist der Anspruch, eine andere Ontologie zu erdenken, d.h.
eine andere Welt sich ergeben zu lassen. Welcher Art aber
ist dieses "Andere"?

III.

Wir zaudern. Doch wo wir darauf achten, vernehmen wir, daß
Welt ist und wir in ihr. Ein Entwurf von Rilke lautet: "Von
meiner Antwort weiß ich noch nicht / wann ich sie sagen werde. / Aber, horch eine Harke, die schon schafft. / Oben allein im Weinberg spricht / schon ein Mann mit der Erde."[40]
Das "Andere" ist Gespräch. Das hier gemeinte Gespräch hat
sein Kennzeichnendes daran, daß es ein Ensemble mannigfacher
Bezüge ist, nicht bloßer Austausch zwischen isolierten, einander gegenüberstehenden "Gesprächspartnern", sondern ein
Beziehungsgeflecht, eine Textur, in die die Sprechenden
einbehalten bleiben, das Geschehen eines Spiels, das sich
nicht im Tun des einen und dann des anderen Mitspielers er-
schöpft, sondern das sich wesentlich <u>zwischen</u> ihnen ab-
spielt. Das Gespräch ist ein Raum aus Abständen und Zwi-
schenräumen, ist das Gespinst von Spannungen, die durch
ihn hindurchlaufen, ihn erfüllen und leerlassen, ist das

Auf-einander-zu- und das Bei-sich-selbst-sein der Sprecher,
ihr Sprechen und ihr Schweigen. Das Gespräch ist die Dauer
des Miteinander und der Augenblick des Zueinander.

Bertolt Brecht erzählt in seinem "Me-ti/Buch der Wendun-
gen" eine Begegnung, an der sich die Entgegensetzung von
entwerfendem Gegenüber und spielerischem Miteinander etwas
näher verdeutlichen läßt. Der Meister ist zu Besuch bei
einer jungen Frau. Hastig bemüht sie sich, eine angenehme
Atmosphäre für ein Gespräch zu schaffen, Feuer zu machen,
Tee zu kochen usw. Man erinnert sich an die Geschichte von
Martha, die geschäftig auf das leibliche Wohl ihres hohen
Besuches bedacht war, während ihre Schwester Maria sich
still zu seinen Füßen niederließ, um keines seiner Worte
zu verlieren.[41] Doch ist das Gegenbild zur emsigen Geschäf-
tigkeit bei Brecht nicht das reine Stillsein und Aufnehmen.
"Me-ti sagte lächelnd: Was du wolltest, weiß ich. Aber weiß
du es? Du wolltest es mir, deinem Gast, behaglich machen;
es sollte rasch geschehen, damit das Gespräch anfangen
konnte; ich sollte dich lieben; das Holz sollte anbrennen;
das Teewasser sollte kochen. Aber von alldem kam nur eben
das Feuer zustande. Der Augenblick ging verloren. Es ging
rasch, aber die Gespräche mußten warten; das Teewasser
kochte, aber der Tee war nicht fertig; eines geschah fürs
andere, aber nichts für sich selber. Und was hätte alles im
Feuermachen zum Ausdruck kommen können! Es ist eine Sitte
darinnen, die Gastlichkeit ist etwas Schönes. Die Bewegungen, mit denen das schöne Holz zum Brennen gebracht wird,
können schön sein und Liebe erzeugen; der Augenblick kann

ausgenutzt werden und kommt nicht wieder."[42]

Wir kennen das alle. Man kommt in eine Situation, auf die man sich gefreut, die man ungeduldig erwartet hat; nun will man sie ganz ausschöpfen, ihre Möglichkeiten wahrnehmen, alles richtig machen, nichts versäumen. Und dann: der Augenblick ging verloren. Die Zeit, von der wir sagen, daß sie "zur Verfügung stand", ging ungenutzt vorbei, oder vielmehr, sie wurde vernutzt, sinnlos verbraucht, zerrann unter den Händen. Sicher, man hat sie nicht einfach verstreichen lassen, man war die ganze Zeit beschäftigt, allzu beschäftigt. Denn man wollte etwas tun, etwas bewerkstelligen. Auf der einen Seite standen wir, erwartungsvoll und bereit zum Eingreifen, und vor uns lag die Gelegenheit mit ihren Möglichkeiten, aus denen wir glaubten, etwas machen zu sollen. Wir hatten ein Ziel, wie Lai-tu hier das Ziel fruchtbarer Gespräche mit ihrem Lehrer, und wollten alles auf dieses hin ausrichten und ihm unterordnen. "Eines geschah fürs andere, aber nichts für sich selber." Jedes Tun war eingebunden in einen Zweckzusammenhang, dessen ganzer Verlauf von seinem vorhergesetzten Ende beherrscht war. "Es lag kein Spaß in diesem Feuermachen, es war nur Sklaverei", so schließt Me-ti seine lächelnd vorgebrachte Rede, die trotz ihres Lächelns den scharfen Schmerz der verlorenen Zeit, des nicht wiederkehrenden, verschwendeten Augenblicks weckt und beim Namen nennt.

Und das Gegenbild? Das andere Tun tut nichts anderes und tut auch nicht, wie Maria, die Schwester Marthas, nichts. Es verzichtet nicht aufs Feuermachen, sondern nimmt es selbst

wahr, gibt sich ohne Aufgabe an es hin. "Die Bewegungen,
mit denen das schöne Holz zum Brennen gebracht wird, können schön sein." Schön die Bewegungen und schön das Holz,
schön der Raum, in dem beide miteinander zu tun haben, der
Raum der Gastfreundschaft. Dieser Raum wird nicht Stück für
Stück hervorgebracht und zusammengezimmert, er ist da, als
der Augenblick des Beieinanderseins der Frau und des Mannes
Träumen wir ihm nach, so sehen wir den warmen Schein auf de
Gesicht der Lai-tu, wir fühlen, wie sich die Wärme von den
ersten Funken des knisternden Reisigs aus allmählich in den
durchglühenden Scheiten bildet und allmählich bis in die
kalten Winkel ausdehnt, wir hören die Feuchtigkeit das pras
selnde Feuer verlassen, wir riechen den Duft der Kiefer und
die aus den züngelnden Flammen aufsteigenden Rauchfäden.
Und wir spüren die Vorfreude auf den wärmenden Tee und seinen starken Geschmack, die sich um den singenden Wasserkes-
sel auszubreiten beginnt, und empfinden auf der Haut und im
Innersten das Sich-Bereiten der Atmosphäre, in der die Worte sich ergeben und das Netz des Gesprächs zwischen den Bei
den entstehen kann. Indem das Tun sich in sich selbst ge-
nügt, ist der Raum des Sich-Begegnens da, ein Dasein, das
selbst den Charakter des Entstehens und Sich-Ausbreitens,
des Auseinandertretens und Zusammenhaltens, des Gewährens
und Versagens von Nähe und Ferne hat. Die einzelnen Tätigkeiten fügen sich ineinander, rufen sich gegenseitig her-
vor und entsprechen einander, weil sie in einem gemeinsamen
Raum beheimatet sind, weil sie, anders gesagt, dem Wohnen
in einer Welt angehören.

"Es ist eine Sitte darinnen." "Sitte" ist bekanntlich ein Übersetzungswort für das griechische ἦθος [43]. Ich möchte das letzte Wort des Satzes betonen, das "darinnen", und es dem mehrfach wiederholten "sollte" der vorangegangenen Sätze entgegenstellen. Lai-tu hatte viel gewollt; es sollte alles schön und richtig werden. In ihren Wünschen und Gedanken war sie dem gegenwärtigen Augenblick voraus beim nächsten oder übernächsten. So vermochte sie nicht in dem zu weilen und zu wohnen, worinnen sie war. Darinnen sein heißt, den Raum des Hiesigen und Jetzigen ausschreiten, ihn bewohnen, d.h. in ihm einen gelassenen Aufenthalt nehmen. Wird ein Raum oder Bereich in diesem Sinne wirklich bewohnt, so stimmt sich das Verhalten, das Tun und Lassen auf ihn ein, empfängt Rhythmus und Bestimmtheit von seiner Eigenheit, seiner Enge oder Weite, seiner Offenheit oder Geborgenheit, seiner Helle oder seinem Geheimnis. Es ist eine Sitte darinnen; eine Stimmigkeit und Gestimmtheit vielleicht, ein Klang, eine Färbung, eine Zusammengehörigkeit, die jedem Einzelnen seinen Ort läßt und doch die Orte zueinander- und auseinanderhält in einem Feld des offenen Darinnen.

Wohnen, Gelassenheit, auch Besinnlichkeit, - das sind Worte des Darinnen, Worte, in denen sich das Für-sich-selbersein des Tuns sammelt, das Moment nicht in einem linear fortschreitenden Prozeß, sondern in einem breiten Gewebe des Aufeinanderangewiesenseins und des Ineinanderspielens ist. Die Sitte können wir als das Eingespieltsein fassen, demgemäß der Tuende sich dem geschehenden Bezugszusammen-

hang anvertraut und aus ihm her tut, was er tut. Das Ethos
der überlieferten Ethik ist demgegenüber gerade nicht "darinnen", weil es Richtschnur und Maß ist für das je und je
in die Zukunft ausgreifende, auf die Meisterung des Entge-
genstehenden gerichtete Handeln.

Gastlich zu sein, das kann heute noch eine überkommene
Maxime sein, der man sich unterwirft, weil sie aus der Ge-
genseitigkeitsbezogenheit des Handelns folgt, eine Urform
des rationalen Vertrags, an die man sich zu halten hat, wei
Klugheit, Anstand und Sitte es gebieten. Die Gastlichkeit
kann aber auch einfach zum Raum des Miteinanderseins gehören, derart, daß sie gar nicht als Maxime, Gebot oder Impe-
rativ dem Handeln vor-gesetzt ist, sondern sich aus diesem
selbst ergibt. Sich als ursprüngliches In-der-Welt-sein zu
verstehen und aus einem Miteinander heraus zu handeln, das
heißt schon, seine Tätigkeiten so zu tun, daß sie ein Bereich des Offenseins füreinander, also auch der "schönen
Gastlichkeit" sind. Dies und jenes und jenes andere sollte
nicht nur sein, so daß wir uns und unsere Taten darauf hin
zu entwerfen hätten, sondern wie etwas getan wird, wie es
ist, das ergibt sich aus ihm selbst, legt sich nahe, sprich
aus dem jeweiligen Zusammenhang zu uns, - oder eben nicht.

Natürlich gibt es das klugheitgeleitete Überlegen, ob wir
im einzelnen Fall so oder anders handeln sollen. Doch zumeist handelt es sich hier, wenn wir genauer zusehen, eher
um strategische als um moralische Fragen. Ist es auf Grund
der Gegebenheiten einerseits und unserer Ziele und unseres
Lebensentwurfs andererseits richtig und sinnvoll, uns hier

und jetzt so und so zu verhalten? Was wir da bedenken, ist
eine bestimmte Strategie des Zwecke-Erreichens und vielleicht der Konfliktbewältigung. Achten wir auf die Erfahrungen, die wir wirklich machen und lassen wir beiseite,
was der Glaube an die Vernunft uns als notwendig sugge-
riert, so müssen wir zugeben, daß Leben, Handeln und Entscheiden in der Tat nicht in Vernunftgesetzen einzufangen
sind, daß jener Anspruch vielmehr allein dort entsteht, wo,
wie ausgeführt, das menschliche Tun als ein Entwerfen und
Planen eines Subjekts in die Zukunft hinein verstanden
wird.

Auch zum offenen Umgang mit der Situation, in der wir uns
erfahren, gehört ein Hin- und Hergehen, ein Fragen, eine
Unsicherheit. Wenn vom Bestimmt- und Gestimmtwerden die
Rede war, dann nicht im Sinne eines fraglosen und passiven
Aufnehmens und Reagierens, eines unreflektierten Abbildens
des welthaften Zusammenhangs. Der Zusammenhang, die Situation, die Welt sind nur als der mitverantwortete Spielraum
und Verstehenshorizont des je Einzelnen. Wir sind nicht
bloße Spielmarken, höchstens ein Zug im Spiel, der sich
selber setzt oder zurückhält. Es liegt an uns, uns auf die
Melodie des Spiels einzustimmen, den Ton zu suchen und zu
finden. Nur - wir finden ihn nirgendwo sonst als im Spiel
selbst. Warum und wie sollte es eine selbe und einzige Begründung, ein selbes und einziges Maß geben für unser Sein
und Verhalten in mannigfach verschiedenen Beziehungen, Situationen, Spielräumen? Wie kann es Maß und Begründung geben angesichts der Jeweiligkeit, Zufälligkeit, Spielhaftig-

keit, der wir zugehören und die wir selbst sind? Die Sitte ist darinnen und nirgendwo sonst. Das Wie unseres Handelns ergibt sich allein, indem wir uns einlassen in das
geschehende Wechselspiel der Welt, das wir eben darin mit
ausmachen, daß wir je neu das eigene Wollen und Mögen und
Vermögen ermessen, durch das wir uns in das Spiel einstim-
men.

Zuweilen verfehlen wir die Melodie des Zusammenspiels
durch einen falschen Ton, machen wir einen falschen Zug,
kommen wir aus dem Tritt. Wir können uns versehen und ver-
hören. Aber es kann auch einmal kein richtiger Schritt möglich sein, es kann ein Weg verlegt, es kann ein Schmerz -
der uns zugefügt wird oder den wir zufügen - notwendig, d.
aus der Situation gegeben sein. Die Regeln und Erfordernis-
se des Zusammenspiels, die Muster des Geflechts sind je
andere; es kann sein, daß wir sie nicht sehen oder uns gegen sie wehren, auch wenn wir uns mit Phantasie und Offenheit in die jeweilige Verhältnishaftigkeit freizugeben versuchen. Wir sind endlich, wir waren nicht da und werden
wieder nicht da sein; wir treffen uns, aber wir verfehlen
uns auch, wir lassen uns ein, aber wir versperren uns auch
wir verfehlen Mögliches und suchen Unmögliches. Müssen wir
aber davor fliehen? Müssen wir zu dem verzweifelten oder
gläubigen Ausgleich im Ewigen, zu einem unveränderlichen
Sein oder einer unzweifelhaften Vernunft unsere Zuflucht
nehmen? Müssen wir das Verfehlen Schuld nennen?

Wenn Schuld das Zurückbleiben hinter einem eindeutigen
Maß und einem uns vorgesetzten Sollen ist, dann verliert

sie mit jenen ihren Sinn. Ist das Bewußtsein einer Schuld
aber Erfahrung der Zerrissenheit, die unser In-der-Welt-
sein immer zugleich im Offenen und je erst zu Erstreiten-
den hält, Trauer und Schmerz der Begrenztheit des Vermögens
und Wollens und Wissens, so ist es nicht wegzudenken aus
dem Geflecht des Ganzen und seiner Nichthaftigkeit.

Aber: "Die Bewegungen, mit denen das schöne Holz zum
Brennen gebracht wird, können schön sein." Es gibt den
schönen Augenblick, und das Gespräch findet statt. Die
philosophische Selbstverständigung darüber ist weder An-
leitung noch Begründung noch Rechtfertigung. Die versuchen-
den, "spekulativen" Gedanken, die denkende Phantasie, das
Spielen zwischen Nähe und Ferne, - warum fürchten wir uns
davor?

ANMERKUNGEN

1) G.W.F. Hegel, Grundlinien der Philosophie des Rechts, Hamburg 1955, S. 17.

2) Vgl. unten S. 74 mit Anm. 35.

3) Zweifellos gilt dies nur für das leitend und maßgeblich gewordene Selbstverständnis des abendländischen Menschen, in dem von der sinnlichen Evidenz von Mannigfaltigkeit und Verhältnishaftigkeit immer schon abstrahiert wurde.

4) Vgl. J. Habermas, Technik und Wissenschaft als "Ideologie", in: Technik und Wissenschaft als "Ideologie", Frankfurt am Main 1968, S. 55.

5) E. Husserl, Die Krisis der europäischen Wissenschaften und die transzendentale Phänomenologie, Den Haag 1962, S. 13 f.

6) Bei der bereits von dem Vorblick auf die grundsätzliche Infragestellung geleiteten Darstellung der wesentlichen Grundzüge des neuzeitlichen Subjekts werde ich - weitgehend unausdrücklich allerdings - Bezug nehmen auf die entsprechenden kritischen Erörterungen bei Heidegger einerseits und bei Adorno andererseits, also auf die beiden Autoren, die im Hinblick auf die bereits geleistete Kritik am Subjekt als die beiden wichtigsten erscheinen.
Ein solches Vorgehen, das differente philosophische Ansätze zum gemeinsamen Ausgangspunkt nimmt, fordert Vereinfachungen und Abstraktionen. U.a. haben Heidegger und Adorno ein grundsätzlich unterschiedliches Verhältnis zur Geschichte und Geschichtlichkeit. Während der eine von einer an den Menschen seinsgeschichtlich ergangenen und ergehenden Herausforderung spricht, der gemäß er neuzeitlich zum vorstellenden und bestellenden Subjekt wurde (vgl. z.B. Der Satz der Identität, in: Identität und Differenz, Pfullingen 1957, S. 27 u. passim), geht der andere davon aus, daß das Subjekt sich angesichts des ursprünglichen Schreckens des blinden Naturzusammenhanges bilden mußte, um aus

totaler Unmündigkeit zur Möglichkeit der Selbstbe-
sinnung zu finden (vgl. z.B. Fortschritt, in: Stich-
worte - Kritische Modelle 2, Frankfurt am Main 1969,
S. 34 ff. u.a.).

7) I. Kant, Kritik der reinen Vernunft, Hamburg 1952,
    B 130.

8) A.a.O., A 346/B 404.

9) G.W.F. Hegel, Phänomenologie des Geistes, Hamburg 195
    S. 19.

10) A.a.O., S. 20.

11) M. Horkheimer und Th.W. Adorno, Dialektik der Aufklä-
    rung, Frankfurt am Main 1969, S. 36.

12) M. Heidegger, Die Zeit des Weltbildes, Zus. 9, in:
    Holzwege, Frankfurt am Main 1957, S. 101.

13) S. 15.

14) Th.W. Adorno, Minima Moralia, Frankfurt am Main 1971,
    S. 334.

15) E. Bloch, Geist der Utopie, München 1918, S. 338.

16) Parmenides, frg. 8, 29 (Die Fragmente der Vorsokrati-
    ker, Bd. 1, ed. H. Diels u. W. Kranz, Berlin 1952).

17) G.W.F. Hegel, Phänomenologie des Geistes, S. 29 f. De
    Geist ist selbst diese Macht, "indem er dem Negativen
    ins Auge schaut, bei ihm verweilt. Dieses Verweilen
    ist die Zauberkraft, die es in das Sein umkehrt."

18) M. Heidegger, Die Sprache, in: Unterwegs zur Sprache,
    Pfullingen 1959, S. 32 f.

19) M. Foucault, Paolo Caruso - Gespräch mit Michel Fouca
    in: Die Subversion des Wissens, München 1974, S. 16 u
    28.

20) G.W.F. Hegel, Vorlesungen über die Geschichte der Phi
    losophie, Leipzig 1944, S. 105.

21) Heraklit, frg. 60 (Die Fragmente der Vorsokratiker,
    Bd. 1, ed. H. Diels und W. Kranz, Berlin 1952).

22) I. Kant, Zum ewigen Frieden, Ges. Schriften, Bd. VIII, Berlin u. Leipzig 1923, S. 368.

23) G.W.F. Hegel, Grundlinien der Philosophie des Rechts, S. 16.

24) Trübners Deutsches Wörterbuch, Bd. 2, Berlin 1940, S. 446.

25) Thomas Hobbes, Grundzüge der Philosophie, Dritter Teil: Lehre vom Bürger, Leipzig 1949, S. 83: "... so kann man nicht leugnen, daß der natürliche Zustand der Menschen, bevor sie zu Gesellschaften zusammentraten, der Krieg schlechthin gewesen ist, und zwar der Krieg aller gegen alle. Denn was ist der Krieg anderes als jene Zeit, wo der Wille, mit Gewalt seinen Streit auszufechten, durch Worte oder Taten deutlich erklärt wird? Die übrige Zeit nennt man Frieden."

26) I. Kant, Pädagogik, Ges. Schriften, Bd. IX, Berlin u. Leipzig 1923, S. 442.

27) I. Kant, Verkündigung des nahen Abschlusses eines Tractats zum ewigen Frieden in der Philosophie, Ges. Schriften, Bd. VIII, S. 417.

28) G.W.F. Hegel, Phänomenologie des Geistes, S. 341.

29) Heraklit, frg. 53.

30) Darum gelangt Parmenides zu der göttlichen Offenbarung des reinen Denkens auf dem Wege einer Fahrt, die ihn "über die Städte der Menschen hinausträgt".

31) Es geht hier darum, einen Grundansatz herauszustellen, der in dem, was wir allgemein mit der scheinbar selbstverständlichen Zweiheit von Körper und Geist meinen, beschlossen liegt. Immer gab und gibt es auch Gegentendenzen, Versuche etwa, eine Erfahrung von Unmittelbarem auszudrücken, wobei allerdings wohl oder übel auch für alternative Erfahrungen zumeist die anerkannte, zu anderen Zwecken geformte Begrifflichkeit und Sprache benutzt wird, ohne daß man sich ihrer prägenden, aber doch nur gewordenen Macht bewußt wird.

32) Zu erinnern wäre da etwa an die alte Formulierung "die

vom Weibe Geborenen", die in der Tat eine analoge negative Konnotation hat.

33) K. Marx, Ökonomisch-philosophische Manuskripte, Pri-
vateigentum und Kommunismus, MEGA I, 3, Berlin 1932,
S. 119.

34) Vokabeln wie Wald-sterben und Atomtod haben mit schein
barer Selbstverständlichkeit ihren Platz in unserem
alltäglichen Wortschatz, als seien solches Sterben und
solcher Tod Naturgegebenheiten und nicht Konsequenzen
einer bestimmten Haltung menschlicher Weltlosigkeit,
abgebrochener, aufgekündigter Kommunikation. Das Töten
ist eine dem Geist, der sich über den Körper erhebt,
notwendig zukommende Möglichkeit.

35) Vgl. z.B. P.C. Tacitus, De Origine et Situ Germanorum
Liber XI.

36) Aristoteles, Eth. Nic. B 2, 1103 b 26 ff.

37) E. Tugendhat, Probleme der Ethik, Stuttgart 1984,
S. 57.

38) Aristoteles, Met. Δ 1, 1013 a 18 f.

39) Z.B. Der Satz der Identität, a.a.O., S. 25, oder
Die Sprache, a.a.O., S. 12.

40) Rainer Maria Rilke, Sämtliche Werke, Bd. II, Frankfurt
am Main 1957, S. 473 f.

41) Lukas 10, 38 - 42. Vgl. die umkehrende Interpretation
dieser Geschichte bei Meister Eckehart, Deutsche Pre-
digten und Traktate, München 1963, Predigt 28.

42) Bertolt Brecht, Gesammelte Werke 12, Prosa 2, Frankfurt am Main 1967, S. 574.

43) "ἦθος (gewohnter Ort des Wohnens, Gewohnheit, Sitte,
Brauch)", Histor. Wörterbuch der Philosophie, Bd. 2,
Darmstadt 1972, 759.

REGISTER

Adorno 7, 11 f, 18, 103
Allgemeines, Allgemeinheit 6, 19, 24, 31, 35, 58 f, 81 f
Anderes 13 ff, 19, 23 f, 36, 65 f, 93
Anderssein 14 ff, 20, 25, 34, 47 f
Aristoteles 42, 78 f, 86
Bezug 5, 14, 16 f, 23 f, 45
Bloch 13
Brecht 94
Denken VII ff, 19 f, 24 f, 31 f, 44, 47, 57, 90
Descartes 66
Eckehart 106
Einheit, Eines, Identität 14, 33, 36, 40, 42, 48, 56, 61, 81 f
Einzelner, Einzelnes 10 f, 16, 33 ff, 40 ff, 45, 71, 80 ff
Endlichkeit 19 ff, 31 f, 51, 62, 100
Erfahren, Erfahrung 12, 25, 34, 60, 71, 105
Erziehung 39
Feld 8, 14, 16, 20, 97
Feyerabend 54
Fichte 48
Foucault 22
Gegenüber 4 f, 13, 86 f, 89, 94
Geheimnis 65 f
Geschichte VIII, 30, 53, 55 f, 85, 103

Gespräch 92 ff
Goethe 40, 53
Grund, Begründung 22, 79 ff, 86
Habermas 2
Hegel VIII, 3 f, 20, 24, 30, 48, 75
Heidegger 8, 17, 20, 22, 59, 68, 92, 103
Heraklit 26, 49, 61
Herrschaft, Beherrschung 5, 11, 13, 35, 37, 71, 81, 84, 86
Hobbes 38
Horkheimer 7
Husserl 2
In-der-Welt-sein IX f, 59 f, 68, 71, 77, 91, 93, 98, 101
Kant 3 f, 27, 39 f, 69, 80
Kompromiß 46
Konstellation 12, 15, 17 f, 25, 34 f, 46
Kritik, kritisch 1 ff, 10 ff, 30 f
kritische Situation 13, 30, 32 f
Leiden 11 f
lernen 25
Macht 7, 9, 11, 21, 25, 85
Marx 71
Maß, Kriterium 6, 12, 77 f, 81, 99
Miteinander 14, 24, 41, 46, 48, 89, 94, 98

Nähe und Ferne 15 f, 18, 24,
    51, 56, 74, 92, 96, 101
Negativität, Nichts, Nein
    10, 12, 16 f, 19 ff, 51,
    62 ff, 68, 101
Parmenides 16, 42, 105
Philosophie VII f, 27 f, 30,
    44
Raum, Zwischenraum 7 ff,
    15 ff, 23, 25, 34, 48, 50,
    65, 91, 93, 96 f
Rilke 93
Schmerz, Riß, Spannung 51,
    100 f
Selbstbeherrschung 38, 81
Selbsterhaltung 9, 37, 46 f
Sinn 60, 69, 72
Sinne, sinnlich 39, 58,
    69 ff
Spiel 22, 26, 59, 93, 99 f
Sterblichkeit, sterblich
    19 f, 22, 61 ff, 64
Subjekt, Subjektivität 1 ff,
    10 ff, 59, 83, 86 ff

Subjekt-Objekt-Verhältnis 2,
    5, 86 f
Tacitus 106
Thales 65
Tugendhat 78
Utopie 44, 85, 92
Veränderung VIII f, 14, 21,
    25, 28 ff, 43 f, 78, 90
Verhältnis, verhältnishaft
    15, 25, 45 ff, 48 f
Vernunft, Rationalität 6 f,
    24, 32 f, 35, 39, 55 f,
    79 ff, 84 ff
Wahrheit, Wahres 4, 13, 19,
    20, 23, 31, 44, 62
Weg VIII f, 13, 20, 24, 26
Welt 34, 45, 60, 63 ff, 68,
    72, 88 f, 90 ff
Wendung, Blickwendung 3, 12,
    14, 30 ff, 44, 54 ff, 59,
    63, 89 ff
Wirklichkeit VIII f, 12, 31,
    41, 88
Wollen 49

Von Ute Guzzoni sind außer diesem Buch bei Alber erschienen:

Werden zu sich

Eine Untersuchung zu Hegels "Wissenschaft der Logik"

3., unveränderte Auflage 1982

116 Seiten. Kartoniert. Reihe: Symposion, Band 14

Das Absolute, dessen Selbstbewegung Hegel in der "Wissenschaft der Logik" darstellt, ist und denkt sich als Grund seiner selbst, d.h. es geschieht als in sich gegenläufige Bewegung von Sich-Gründen und Sich-Begründen. Beide Bewegungssinne machen zusammen die eine "logische" Bewegung aus, die in dieser Untersuchung als das Werden des Absoluten zu sich herausgestellt wird: Nur in dieser Gegenläufigkeit, nur dadurch, daß das Absolute nicht nur sich selbst gründet, sondern sich zugleich als seinen Grund denkt, vermag es die Identität von Sein und Denken zu sein.

Identität oder nicht

Zur Kritischen Theorie der Ontologie

1981. 384 Seiten. Kartoniert. Reihe: Fermenta philosophica

Die abendländische Geschichte kann als ein Prozeß verstanden werden, in dem sich der Mensch das ihm Andere - die Welt und die Dinge, die anderen Menschen, sich selbst - durch Begreifen, Aneignung und Bearbeitung angleicht. Dieses Buch verbindet den kritischen Aufweis der Identität, die der

Mensch dem je Anderen antut, um es zu beherrschen und in
den Griff zu bekommen, mit der Vorzeichnung einer Konzeption der Nicht-Identität, die sich von dem Gedanken einer
"Kommunikation des Unterschiedenen" leiten läßt, d.h. von
der grundsätzlichen Anerkennung des Gespräch und Interak-
tion erst ermöglichenden Andersseins von Ich und Du, von
Einzelnem und Dingen bzw. Welt.

Wendungen

Versuche zu einem nicht identifizierenden Denken

1982. 126 Seiten. Kartoniert. Reihe: Fermenta philosophica

Die sieben Texte dieses Bandes gehen ihr gemeinsames Thema
von sehr unterschiedlichen Blickwinkeln aus an. In ihrer
Zusammenstellung spiegeln sie eine Konstellation des Denkens, die versucht, mit der in dem Buch "Identität oder
nicht" angezeigten kritischen Alternative ernst zu machen.
Sie impliziert ein Sich-Umwenden gegenüber der besonderen
Denkhaltung unserer Tradition, die weitgehend durch die
Intention abstraktiver Subsumtion und begrifflicher Identi-
fizierung gekennzeichnet ist. Aus deren Kritik ergibt sich
die Notwendigkeit, zentrale Grundbegriffe - wie Etwas und
Nichts, Raum und Zeit, Intersubjektivität und Verhältnis-
haftigkeit, Identität und Anderssein - neu zu bestimmen.
Dabei wandelt sich sowohl der Charakter des Denkens und
Sprechens wie auch der des jeweiligen Denkanstoßes (u.a. ei
Gemälde von Cézanne, eine Reflexion von Kant, ein Chanson-
text von Edith Piaf, ein Abenteuer des Odysseus).